GO VISTA
CITY GUIDE

Venedig

von Dagmar v. Naredi-Rainer
und Ste[illegible]nie Bisping

Dagm[illegible] [illegible]hil., ist
Kun[illegible] [illegible]terrei-
ch[illegible]

[illegible] Anglistik,
[illegible]kwissenschaft
[illegible]ng (England). Als
[illegible]beitet sie für ver-
[illegible]gen, Magazine und
[illegible] ihren Lieblingszielen
[illegible] – und insbesondere Ve-

www.vistapoint.de

Inhalt

Willkommen in Venedig 4

Top 10 & Mein Venedig

Top 10: Das sollte man gesehen haben 6

Mein Venedig: Lieblingsplätze der Autorin 7

Stadttouren mit Detailkarten

Vom Sestiere Dorsoduro zur Insel San Giorgio Maggiore und zur Piazza San Marco 8

Von Schiffen und Kirchen: Durch den Stadtteil Castello nach Cannaregio 15

Streifzüge

Von der Rialtobrücke zur Frari-Kirche 20

Die Inseln der nördlichen Lagune: San Michele, Murano, Burano, Torcello, Lido 21

Vista Points – Sehenswertes

Museen und Galerien 28

Kirchen 34

Architektur und andere Sehenswürdigkeiten 38

Erleben & Genießen

Übernachten 46

Essen und Trinken 50

Nightlife 55

Kultur und Unterhaltung 57
Shopping 60
Mit Kindern in der Stadt 64
Erholung und Sport 66

Chronik

Daten zur Stadtgeschichte 68

Service von A–Z und Sprachführer

Service von A–Z 72
Sprachführer 86

Register 92
Bildnachweis und Impressum 96

Zeichenerklärung

Top 10
Das sollte man gesehen haben

Mein Venedig
Lieblingsplätze der Autorin

Vista Point
Museen, Galerien, Architektur und andere Sehenswürdigkeiten

Kartensymbol: Verweist auf das entsprechende Planquadrat der ausfaltbaren Karte bzw. der Detailpläne im Buch.

Willkommen in Venedig

Venedig – das ist die Stadt, in der die Straßen voller Wasser stehen, aber alles zu Fuß zu erreichen ist; die Stadt, die keine Viertel, sondern Sechstel *(sestiere)* kennt; die Stadt, in der die Namen der Straßen nicht in der Landessprache, sondern im einheimischen Idiom angeschrieben sind, und die Nummern der Häuser astronomische Ausmaße erreichen; die Stadt, die keine Kanalisation besitzt; in der statt Straßenfegern Müllfischer arbeiten und der Müll zum Fundament neuer Landgewinnung wird. Venedig ist die Stadt, in der die Tauben gehen und die Löwen fliegen, wie es Jean Cocteau formulierte – Venedig ist voller Widersprüche.

118 Inseln, 400 Brücken, 166 Kanäle und 65 000 Einwohner – das klingt überschaubar. Doch Venedig muss zwölf Millionen Touristen im Jahr verkraften. Viele davon sind Tagesgäste, so

Venedigs prächtige Schauseite vom Bacino di San Marco aus gesehen: die Piazzetta di San Marco mit Dogenpalast, Biblioteca Nazionale Marciana und dem Campanile von San Marco

dass schon ein Abend in Dorsoduro eine ganz andere Atmosphäre verströmt als ein Augustvormittag auf dem Markusplatz. Dass diese Stadt es allen Touristenstürmen und Hochwasserkrisen zum Trotz immer wieder versteht, ihren ganz eigenen Zauber zu entfalten, spricht für die Unverwüstlichkeit ihrer Schönheit.

Trotz labyrinthischer Gassen, die häufig an einem Kanal enden, lautet die Antwort der Venezianer auf Ortsfragen stets »Sempre diritto« – immer geradeaus. Ansonsten gilt: Lassen Sie sich auch einmal treiben. Auf den ersten Blick könnte man fürchten, in dem Gewirr der Gassen, Brücken und Plätze verloren zu gehen. Doch diese Sorge ist unbegründet, denn Herz und Seele Venedigs sind bis in den letzten Winkel ausgeschildert. Erforschen Sie also die Stadt, die eine der schönsten der Welt ist.

Auch nach dem Sightseeing gibt es eine Menge zu tun. Freuen Sie sich aufs Einkaufen, denn außer den üblichen Designern und Marken warten hier auch kleine, handwerkliche Betriebe und inhabergeführte Geschäfte. Auch lohnt es sich, nach kulinarischen Mitbringseln Ausschau zu halten. Schließlich befindet sich die *Serenissima* in Italien, der geistigen Heimat von Gourmets und Genießern. Entsprechend bietet auch die Gastronomie jede Menge Verlockungen. Sind Sie reif für die Inseln? – Dann: *Sempre diritto.*

Top 10: Das sollte man gesehen haben

1 Campo di Santa Margherita
S. 10, 40 ➡ G6/7
Ein Platz als Bühne venezianischen Lebens. Platz nehmen und schauen.

2 Galleria dell'Accademia
S. 10, 30 ➡ H/J8
Selbst im an Kunstschätzen so reichen Venedig ist diese Sammlung herausragend – und eines der wichtigsten Museen der Welt.

3 Piazza San Marco und Basilica di San Marco
S. 12, 13 f., 34, 42 ➡ G/H11/12
Trotz der Besuchermassen ist dies einer der schönsten Plätze der Welt – gekrönt vom einzigartigen Dom.

4 Palazzo Ducale/Dogenpalast
S. 12 f., 32 f. ➡ G11/12
Der Sitz der Dogen erzählt die Geschichte der Stadt und birgt Kunstschätze von Tizian über Tiepolo bis Tintoretto.

5 Campanile di San Marco
S. 14, 39 f. ➡ G11
Der Glockenturm des Doms bietet einen fantastischen Blick auf den Markusplatz.

6 Ponte di Rialto
S. 20, 42 ➡ F10

Niemand sollte Venedig ohne ein Foto von der berühmtesten und schönsten Brücke der Stadt verlassen.

7 Scuola Grande di San Rocco
S. 20 f., 44 ➡ F7
Etwa 60 Gemälde von Tintoretto machen diese Scuola aus dem frühen 16. Jahrhundert zu einem absoluten Highlight.

8 Collezione Peggy Guggenheim
S. 30 ➡ J9
Eine der interessantesten Sammlungen moderner Kunst überhaupt, untergebracht in einem wunderschönen Palast am Canal Grande.

9 Santa Maria della Salute
S. 36 ➡ J10
Die weiß leuchtende, barocke Kirche mit der runden Kuppel auf der Inselspitze wacht über die Zufahrt des Canal Grande und ist ein Wahrzeichen der Lagunenstadt.

10 Venedigs Gondeln und Gondelfahrt
S. 45, 64
Der Blick auf Stadt und Seufzerbrücke von der Gondel aus, dem stilgerechten venezianischen Fortbewegungsmittel, macht die Venedig-Erfahrung erst vollständig.

Mein Venedig
Lieblingsplätze der Autorin

Liebe Leser,

dies sind einige besondere Orte dieser Stadt, an die ich immer wieder gern zurückkomme. Eine schöne Zeit in Venedig wünscht Ihnen

Stefanie Bisping

Bar Tiepolo im Westin Hotel Europa & Regina
S. 54 ➡ H10
Zumindest einen Cappuccino sollte man sich in diesem prachtvollen (und entsprechend hochpreisigen) Hotel genehmigen – und dazu den unvergleichlichen Blick auf den Canal Grande und die weiß leuchtende Kirche Santa Maria della Salute genießen.

Skyline Rooftop Bar im Hotel Molino Stucky
S. 56 ➡ J5
Einer der schönsten Blicke auf Giudecca und das historische Zentrum öffnet sich von der Dachterrasse und Bar des Hilton Hotels.

Museo Fortuny
S. 32 ➡ G9
In dem historischen Palazzo des spanischen Künstlers Mariano Fortuny am Campo San Benedetto ist der Geist des alten Venedigs noch spürbar.

La Giudecca
S. 66 ➡ J–L4–12
Mit Blick auf den Canale della Giudecca flanieren und venezianisches Alltagsleben beobachten macht einfach Spaß.

Fondamenta Zattere
S. 11 ➡ J6–10
Die Promenade am Südufer des Stadtteils Dorsoduro bietet eine schöne Aussicht auf Giudecca, lange Sonnenstunden und darüber hinaus viele nette Cafés und Eisdielen.

Vom Sestiere Dorsoduro zur Insel San Giorgio Maggiore und zur Piazza San Marco

Vormittag
S. Sebastiano – Scuola Grande di S. Maria dei Carmini – Campo di S.Margherita – Ca' Rezzonico: Museo del Settecento Veneziano – Ponte dei Pugni – Galleria dell'Accademia – S. Trovaso (SS. Gervasio e Protasio) – Besuch der Gondelwerft an den Fondamenta Nani – Gesuati (S. Maria del Rosario) – über den Canale della Giudecca zur Insel und Kirche S. Giorgio Maggiore (Panoramablick vom Campanile).

Mittag
Pause in Dorsoduro oder auf La Giudecca.

Nachmittag
Fahrt über den Canale della Giudecca und das Bacino di S. Marco nach Castello – S. Zaccaria – Museo Correr – Piazza S. Marco – Piazzetta S. Marco – Palazzo Ducale – Basilica di S. Marco – Campanile di S. Marco (Panoramablick).

Der Vormittag gehört dem *sestiere* (Bezirk) **Dorsoduro** und den dazugehörigen Inseln La Giudecca und San Giorgio Maggiore. Von der *stazione* »San Basilio« der Linie 82 gelangt man zu der äußerlich unscheinbaren Kirche **San Sebastiano** ➜ H5 vom Anfang des 16. Jahrhunderts. Dank der malerischen Ausstattung Paolo Veroneses (1528–88) besitzt die Kirche einen der schönsten Innenräume der Stadt. Besonders prachtvoll sind die Kassettendeckenmalereien, auf denen alttestamentarische Szenen dargestellt sind. Der Künstler liegt übrigens in dieser Kirche, mit der er

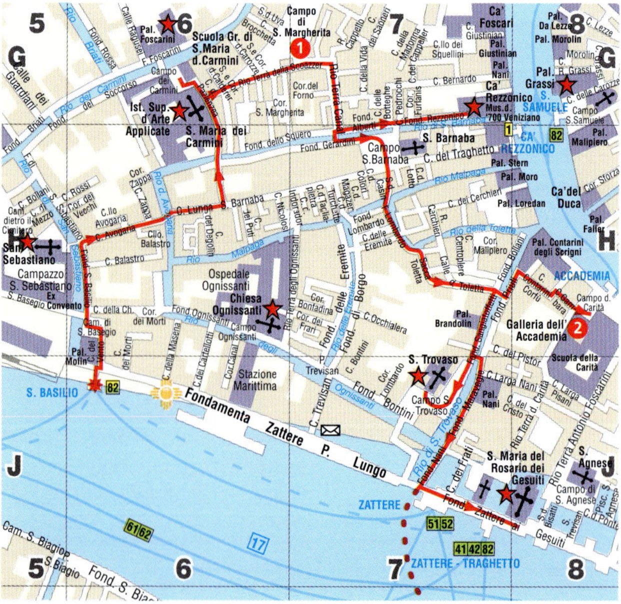

seinen Ruhm begründete, begraben: Unter der Orgel hat er seine letzte Ruhestätte gefunden.

Einem Glanzpunkt venezianischer Malerei des 18. Jahrhunderts begegnet man in der **Scuola Grande di Santa Maria dei Carmini** ➡ G6 mit dem Deckengemälde Giambattista Tiepolos (1696–1770). *Die scuola* gehört zu den sechs »großen« der 35 venezianischen Bruderschaften. In ihnen organisierten sich die Bürger Venedigs, immer im Windschatten einer Kirche, meist nach Berufsgruppen, um mildtätige Arbeiten wie die Pflege von Kranken und die Hilfe für Mütter unehelicher Kinder zu koordinieren. Es war der einzige Bereich, in dem das Bürgertum unein-

Unter der Orgel von San Sebastiano fand Paolo Veronese, dem die Kirche ihre prachtvollen Deckenmalereien von 1556 verdankt, seine letzte Ruhestätte

geschränkt schalten und walten konnte. Die *scuolas* übertrafen in ihrer Pracht oft noch die nebenstehende Kirche.

Nun geht es zum weitläufigen 1 **Campo di Santa Margherita** ➡ G6/7, auf dem vormittags reges Markttreiben herrscht. Das isolierte Gebäude in der Mitte des Platzes beherbergte früher die Bruderschaft der Gerberzunft. Entlang des Rio di San Barnaba kommt man zur **Ca' Rezzonico** ➡ G7. Der in der zweiten Hälfte des 17. Jahrhunderts erbaute Palazzo zählt zu den am üppigsten ausgestatteten am Canal Grande, da er zuletzt einer neureichen, aus Genua zugewanderten Bankiersfamilie gehörte. Diese hatte sich für teures Geld den Eintrag ins Goldene Buch der Stadt erkauft – und außerdem gesellschaftlichen Einfluss durch großzügige Spenden erlangt. Heute birgt der Palazzo das Kunstgewerbe-Museum **Museo del Settecento Veneziano** und zeichnet mit seinen Ausstellungsstücken (Möbel, Seidentapeten, Chinoiserien, Keramiken, Porzellan, Kostüme, Marionetten) ein plastisches Bild vom patrizischen Leben im Venedig des 18. Jahrhunderts.

Mit der **Ponte dei Pugni**, der »Brücke der Fausthiebe«, über den Rio di San Barnaba passieren wir einen der Schauplätze jener einst beliebten Kämpfe zwischen den Bewohnern der verschiedenen Bezirke. Die vier im Pflaster eingelassenen Marmorsohlen markierten den Startpunkt der Kämpfe.

Wer an Malerei interessiert ist, geht nun in die 2 **Galleria dell'Accademia** ➡ H/J8. In der ehemaligen Kirche und der **Scuola della Carità** ist heute Venedigs Bildergalerie von Weltruf untergebracht. Schätze aus aufgelassenen venezianischen Kirchen, Stiftungen aus Privatsammlungen und die zurückerstatteten, ehemals von Napoleon geraubten Gemälde bilden heute einen chronologisch geordneten Überblick über die venezianische Malerei vom 14. bis zum 19. Jahrhundert. Hier hängt auch das furiose Gemälde, mit dem Tintoretto 1548 der Durchbruch gelang: Der hl. Markus befreit einen Sklaven aus den Händen der Häscher, die sich gerade anschicken ihn zu blenden.

Die nächste Station ist die Kirche **San Trovaso** ➡ J7 auf dem gleichnamigen Campo. Sie ist den Heiligen Gervasio und Protasio geweiht. Auffällig sind die beiden vollkommen gleichwertigen Fassaden. Man sagt, auf diese Weise hätte man aus verfeindeten Stadtteilen stammenden Paaren die Ehe ermöglicht, denn ihre Familien konnten so die Kirche durch getrennte Eingänge betreten.

Giovanni Bellinis »Madonna degli Alberetti« (1487) in der Galleria dell'Accademia

Verlässt man den Campo rechts über die Fondamenta Nani, hat man einen reizvollen Blick auf eine der letzten *squeri*, die Gondelwerften von Venedig. Hier werden die fast elf Meter langen, eineinhalb Meter breiten, etwa 600 Kilogramm schweren und etwa 35 000 Euro teuren Boote aus sieben verschiedenen Holzarten gebaut und gewartet. Jede Gondel ist auf der rechten Seite 24 Zentimeter schmaler, um das Gewicht des Gondoliere auszugleichen. Demselben Zweck dienen die 20 Kilogramm schweren Bugeisen, deren sechs nach vorn weisende Zacken für Venedigs sechs Stadtteile

»Bella Venezia«: die Piazzetta San Marco im Morgenlicht

stehen. Für die Zunft der Bootsbauer und Gondolieri sieht die Zukunft leider eher düster aus: Allein von den Aufträgen reicher Texaner und Japaner können sie nicht leben, und der Bedarf an Booten sinkt.

An den Fondamenta Zattere am Canale della Giudecca, der ehemaligen Anlegestelle der Flößer, liegt die Kirche **Santa Maria del Rosario** ➡ J7/8, genannt **Chiesa dei Gesuati**. Der von Andrea Palladio (1508–80) inspirierte Bau besitzt im Inneren eine herrliche Tiepolo-Decke (1737–39).

Von der *stazione* »Zattere« geht es weiter per Boot. Zuvor kann man sich an der **Zattere** genannten Promenade, die das Südufer Dorsoduros bildet, in einer der schönen Eisdielen mit einem Eis stärken und dabei den Blick auf Giudecca genießen. An Bord kommen dann zwei strahlend weiße Kirchen von Andrea Palladio in den Blick: zunächst **Il Redentore** ➡ L9, die auch zum Dank für das Ende einer Pestepidemie erbaut wurde, dann **San Giorgio Maggiore** ➡ J12. Sie ist heute ein nicht mehr wegzudenkender Akzent in der Silhouette der Stadt, gilt aber vielen Venezianern nach wie vor als ein Fremdkörper, der aus antikem Geist und humanistischer Schulung des kühl und rational bauenden Renaissance-Architekten erwuchs. Auf der Insel San Giorgio Maggiore, die ursprünglich eine Saline, dann ein großer Weingarten war, bauten die Benediktiner zwei Klöster und betrieben von hier aus die Missionierung Ungarns. Heute beherbergen die Klostermauern verschiedene Forschungs- und Ausbildungseinrichtungen. Vom Campanile hat man den wohl eindrucksvollsten Blick über die Lagunenstadt, besonders auf das Ensemble von Salute-Kirche, Einfahrt zum Canal Grande und den Bauten am Molo. Im Sommer lädt das Freilichttheater **Teatro Verde** ➡ K13 zu Ballett, Theater und Jazz. Den »Gefilden der Macht« nähern wir uns nun ganz stilgerecht zu Wasser.

Ein Halt an der ehemaligen Klosterkirche **San Zaccaria** ➡ G12/13 lohnt sich allein schon deshalb, um eines der vollendetsten Bilder aus dem Spätwerk Giovanni Bellinis (um 1430–1516) zu sehen: eine farbenglühende Madonna mit Engeln und Heiligen aus dem Jahre 1505. In der **Cappella di San Tarasio** (links vom Hochaltar) sieht man Fresken eines der führenden Maler der italienischen Frührenaissance, Andrea del Castagno. Von hier aus gelangt man auch in eine dreischiffige Krypta des 9. Jahrhunderts hinab, die allerdings meist unter Wasser steht.

Der »Prachtsalon« der Serenissima, die auf trapezförmigen Grundriss angelegte 3 **Piazza San Marco** ➡ G11, ist 175 Meter lang, bei einer Breite von 82 bis 56 Meter, und wird auf den Langseiten von den ehemaligen Verwaltungsbauten der Republik, der Procuratie Vecchie und Nuove, begrenzt.

Die dem Markusdom gegenüberliegenden Gebäude beherbergen heute das äußerst lohnenswerte **Museo Civico Correr**. Jenen Moment, als Orpheus sich umdreht und Eurydike für immer verliert, hat der venezianische Bildhauer Antonio Canova festgehalten. Wenn man sich von dieser Skulptur losgerissen hat, verbringt man inmitten von Statuen, steinernen Löwen, alten Folianten und Gemälden zur Geschichte Venedigs leicht den halben Tag. Der Shop ist wie in allen venezianischen Museen hervorragenden sortiert – unter anderem mit vielsprachigen Kunstführern.

Zum Molo (Kai) hin setzt sich der Platz in der **Piazzetta San Marco** ➡ G/H11 fort, die von der Biblioteca Nazionale Marciana und dem Dogenpalast gesäumt wird.

Werfen wir noch einen Blick zurück auf die **Torre dell'Orologio** ➡ G11 an der Nordseite der Piazza, deren große Uhr die Zeit, die Mondphase und den Stand der Sonne im Tierkreis anzeigt und von deren Dach zwei riesige Bronzemänner die Stunde schlagen.

Geradeaus flankieren zwei Säulen den Kai; auf der rechten steht der erste Stadtheilige Theodor, auf der linken der Markuslöwe. Hier scheidet sich der abergläubische vom nüchternen Touristen: »Guardate dell' entrecolumni«, meidet den Platz zwischen den Säulen, hieß es lange Zeit, denn hier fanden die Hinrichtungen statt.

Nun aber zum politischen Zentrum Venedigs, dem 4 **Dogenpalast** (Palazzo Ducale) ➡ G11/12. Nach Brandschäden in den gotischen Formen wiedererbaut, stammt er in seiner heutigen Gestalt aus dem 15. Jahrhundert. Der besondere Zauber des fast quadratischen Baus rührt daher, dass zwei Arkadenreihen – deren obere aus filigranem Maßwerk gearbeitet ist – das kompakte Mauerwerk des Obergeschosses tragen. Die rosa-weiße, damastartige Oberflächenverkleidung betont noch das Verspielte, das Macht und Zartheit kombiniert.

Palazzo Ducale: Detail von der Porta della Carta

In den Dogenpalast gelangt man durch die **Porta della Carta** (Papiertor), so genannt, weil hier die Dekrete der Republik aushingen und weil sich in der Nähe das Staatsarchiv *(depot cartarum)* befand. Die *porta*, durch die der Doge auf dem Weg zu seiner Krönung schritt, ist mit 75 Löwen bestückt und gilt als eines der am reichsten verzierten Beispiele venezianischer Gotik. Die Höhepunkte der Empfangs- und Staatsgemächer sind die **Sala de Collegio** (Staatsrat) und die **Sala del Maggior Consiglio** (Großer Rat), deren gewaltige Ausdehnung (54 mal 24 Meter) fast die Länge des Südflügels einnimmt. Für diesen Saal schuf der 70-jäh-

Basilica di San Marco: Der goldflirrende Innenraum gegen Osten

rige Tintoretto mit dem »Paradies« der Welt größtes Ölbild auf Leinwand (22 mal sieben Meter).

Vom Dogenpalast kommend, bietet der 3 **Markusdom** ➡ G11 zuerst seine mit Kriegstrophäen geschmückte Südfassade dar: Neben den reliefverzierten Pfeilern aus Akkon (Palästina) steht das Symbol einstiger Genueser Rechtshoheit, die **Pietra del Bando**, ein Säulenstumpf, von dem aus Gesetze verkündet wurden. Die vier einander umarmenden, spätantiken Herrscherfiguren stellen Diokletian und seine Mit- und Unterregenten dar – auch wenn die Venezianer meinen, es handele sich lediglich um vier Diebe, die den Markusschatz geraubt und sich danach zerstritten und gegenseitig umgebracht haben. San Marco, Staatsheiligtum und Schatzhaus der Republik, hat von seinen abgebrannten und abgerissenen Vorgängerbauten des 9. und 10. Jahrhunderts die für byzantinische Apostelkirchen typische Struktur der griechischen Kreuzkuppelkirche bewahrt. Die Venezianer nennen sie aber trotzdem Basilika. Die Zurschaustellung

Die originalen »Goldenen Pferde« von San Marco sind heute wegen der Luftverschmutzung im und nicht mehr auf dem Markusdom zu bewundern

militärischer Beute zum Ruhm des Stadtheiligen ist keineswegs bloß dekorativ, sondern vielmehr als politische Manifestation zu verstehen. Sie gipfelt in der Präsentation der 1204 aus Konstantinopel geraubten **Bronzepferde**, deren Kopien an der Westfassade als Quadriga über einem wahren Triumphbogen prangen. Die Originale schmücken den Innenraum der Kirche.

Der 5 **Campanile di San Marco**, im 9. Jahrhundert begonnen und im 16. Jahrhundert mit einem pyramidenförmigen Spitzdach versehen, stürzte 1902 ein, wurde aber 1912 an gleicher Stelle und in gleicher Form wiedererrichtet. Er diente ursprünglich als Leuchtturm und Signal. Kaiser Friedrich III. ritt den stufenlosen spiralförmigen Aufgang 1452 zu Pferde bis zum Glockenstuhl, und fluchende Priester wurden zur Lüftung ihrer teuflisch-verschwefelten Gehirne in einen Käfig gesperrt und außen am Campanile aufgehängt. Beim Blick aus der Glockenstube präsentiert sich eine faszinierende Aussicht über die Lagunenstadt und zugleich eine Kuriosität: Dank perspektivischer Tücke sieht man von hier oben ein Venedig ohne Kanäle.

Nun hat man sich einen ruhigen Tagesausklang bei einem Cocktail in **Harry's Bar** ➡ H10/11 oder einem Kaffee im **Caffè Florian** ➡ G11 redlich verdient, vielleicht gekrönt von einer romantischen Gondelfahrt in den tintenschwarzen Straßen der Stadt.

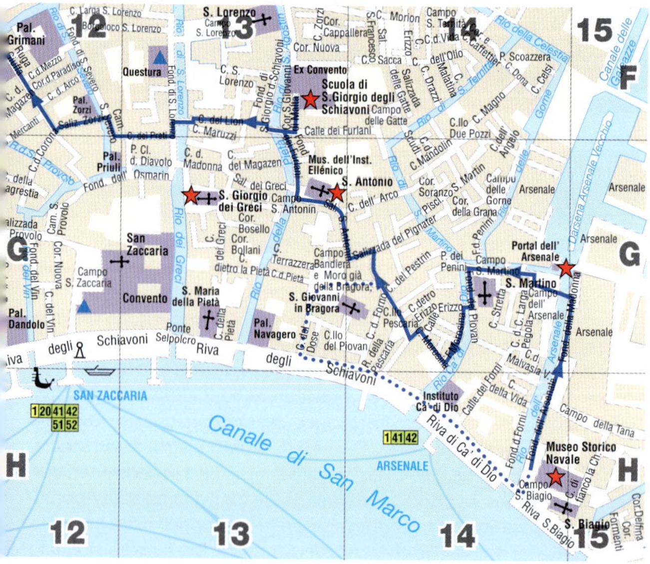

Von Schiffen und Kirchen: Durch den Stadtteil Castello nach Cannaregio

Vormittag
Museo Storico Navale – Arsenale – Scuola di San Giorgio degli Schiavoni – Campo di Santa Maria Formosa – Ponte della Guerra – Kirche SS. Giovanni e Paolo.

Mittag
Pause am Campo Santi Giovanni e Paolo.

Nachmittag
Reiterstandbild des Colleoni – Kirche Santa Maria dei Miracoli – Kirche Santa Maria Assunta dei Gesuiti – Kirche Madonna dell'Orto – Ghetto.

Der erste Teil dieser Stadttour ist auf der Karte S. 14, der zweite auf der Karte S. 16 eingezeichnet.

Wer sich für Venedigs Geschichte und die Quelle seiner früheren Macht interessiert, sollte sich zunächst ins östlich und nördlich des Markusplatzes gelegene Sestiere **Castello** begeben. Hier spürt man auch heute noch, wie eng die Geschichte Venedigs mit den Schiffen und ihren Erbauern verknüpft ist. Das Viertel zählt zu den ersten befestigten Siedlungen in der Lagune und ist stark von den *arsenalotti*, den Werftarbeitern, geprägt worden, jener privilegierten Handwerkerkaste, von der Wohl und Wehe des Lagunenstaates abhing. Nicht ohne Grund waren es Werftarbeiter, die den jeweils neugekürten Dogen auf ihren Schultern über den Markusplatz trugen.

Venedig war immer abhängig von Schiffen, deswegen ist ein Besuch des **Museo Storico Navale** ➡ H14/15, des Schiffahrtsmuseums, besonders lohnenswert. Es ist der Seefahrtsgeschichte der Stadt gewidmet und zeigt auf fünf Etagen Modelle aller Gattungen und Epochen, darunter z. B. eine Nachbildung des letzten vergoldeten »Bucintoro«, mit dem der Doge alljährlich zur symbolischen Vermählung Venedigs mit dem Meer hinausfuhr. Diese Zeremonie sollte dem politischen Ziel der Beherrschung der Adria Nachdruck verleihen.

Über die Fondetta dell'Arsenale erreicht man das 1104 gegründete **Arsenale** ➡ G14/15, Venedigs Werft. Sie umfasste einst 32 Hektar und

Beute-Löwen aus aller Herren Länder bewachen den Zugang zum Arsenal

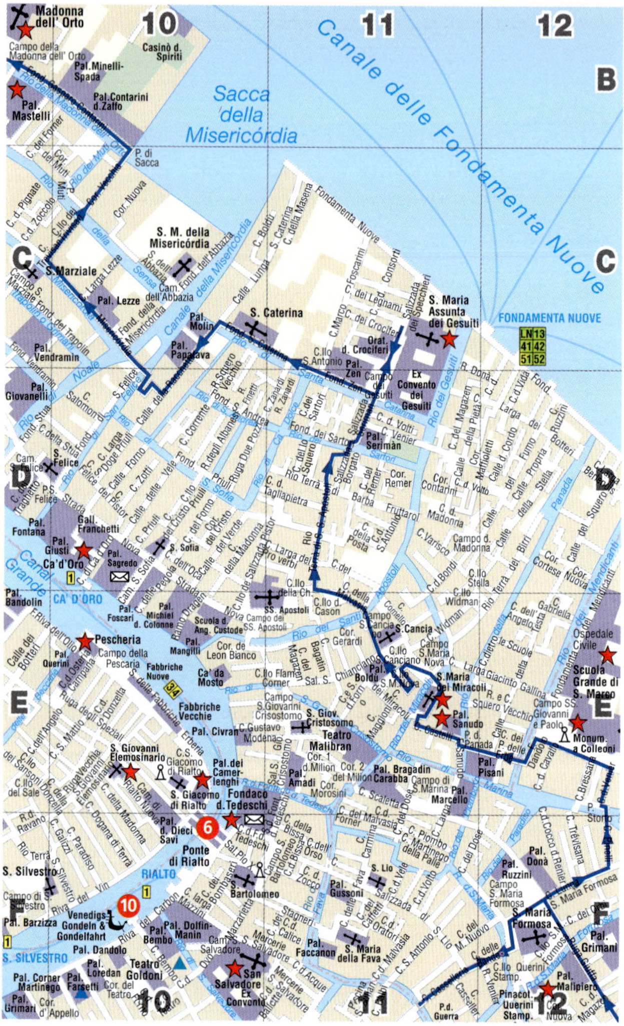

war die größte vorindustrielle Fabrikationsstätte. Zu ihren Hoch-Zeiten konnten die 16 000 Arbeiter pro Tag eine Galeere fertigen und ausrüsten. Die Werft war ein ungemein wichtiger Wirtschaftsfaktor für die Stadt. In ihrem Umfeld entstanden große Kornspeicher und Großbäckereien für den im ganzen Mittelmeerraum bekannten Schiffszwieback: Als man im 19. Jh. in einer der venezianischen Festungen Proviantreste aus dem 17. Jh. fand, erwies sich der Zwieback noch als genießbar. Heute ist das Gebiet dem Militär vorbehalten.

Unweit des Arsenals befindet sich die Scuola di San Giorgio degli Schiavoni, das alte Bruderschaftshaus der Dalmatiner. Zwei mögliche Wege führen dorthin. Der direkte führt am Ufer des Canal Grande entlang auf der Riva di Ca'di Dio und der schönen Uferpromenade Riva degli Schavoni bis zur Calle del Dose. Dieser folgend kommt man vorbei an den Kirchen **S. Giovanni in Bragora** ➜ G13/14 und **S. Antonio** ➜ G13

– nach links ist Unermüdlichen zusätzlich ein Abstecher zur Kirche **S. Giorgio dei Greci** mit eindrucksvoll schiefem Campanile möglich – und erreicht dann die Scuola.

Wem nach einer weiteren Kirche und mehr Gassengewirr zumute ist, quert vom Museo Storico Navale kommend den Rio dell'Arsenale zur Campo dell'Arsenale. Von dort geht es vorbei an der **Kirche S. Martino** ➡ G14 mit ihrem beachtenswerten Deckengemälde von Jacopo Guarana zur Fondamenta dell Piovan und der Fondamenta Morosina, die zur Calle Morosina führt. Der Calle Morosina und der anschließenden Calle Pescaria folgend geht es auch hier an den Kirchen S. Giovanni in Bragora und S. Antonio vorbei zur **Scuola di S. Giorgio degli Schiavoni** ➡ F13. Das zweigeschossige Gebäude dieser Scuola der dalmatischen Kaufleute ist ausgeschmückt mit einem beeindruckenden Fries des Frührenaissance-Malers Vittore Carpaccio (um 1455–1526). Sechs Jahre hat er an dem Werk gearbeitet; es stellt lebhafte Szenen aus dem Leben der drei Bruderschaftspatrone Georg, Tryphon und Hieronymus dar.

Der Weg führt nun durch die Calle del Lion, die Calle dei Preti und Zorzi und biegt dann rechts in die Ruga Giuffa, die zur stets belebten **Campo di Santa Maria Formosa** ➡ F12 führt, einem der weiträumigsten Plätze Venedigs. Von dort aus bietet sich ein Abstecher zur **Ponte della Guerra** ➡ F11 an, einer Brücke über den Rio di San Zulian und Schauplatz der so oft geschilderten Kämpfe, bei denen sich Vertreter rivalisierender Stadtteile mit Fäusten und Stöcken traktierten und gegenseitig von der damals noch geländerlosen Brücke warfen. Diese auf vielen Bildern wiederkehrende Szene war das Rezept des parteilosen Venedig, Aggressionen seiner politisch kaltgestellten Bürger zu kanalisieren.

Drei Brücken führen über den Rio di San Giovanni zu einer der schönsten Kirchen Castellos: **Santi Giovanni e Paolo** ➡ E12. Die frühgotische Dominikanerkirche ist die mit 101,5 Metern größte und dazu eine der schönsten Venedig. Sie birgt das Pantheon der Republik: 27 Dogen und zahlreiche Würdenträger, die sich mit hohen Spenden der Fürsprache des eifernden Ordens versichert hatten, liegen hier begraben. Die fürstlichen Gräber mit ihrer monumentalen Architektur dokumentieren den Trend, den ab dem 14. Jahrhundert realen Machtverlust der Dogen wenigstens nach dem Tod zu kompensieren. An dem anliegenden Platz **Campo Santi Giovanni e Paolo** bietet sich eine Verschnaufpause in einem der auch preislich recht bodenständigen Cafés an. Wer weiß, vielleicht treffen Sie die Bestsellerautorin Donna Leon.

Vor dem benachbarten Gebäude, der Scuola Grande di San Marco, heute städtisches Krankenhaus, steht das imposante **Reiterstandbild des Colleoni**, das die Venezianer nur *il cavallo* nennen. Der Söldnerführer hatte der Stadt sein beträchtliches Vermögen unter der Bedingung vermacht, dass sie ihm nach seinem Tod ein Denkmal vor San Marco setze – was sie auch tat. Allerdings nicht vor dem Dom San Marco, sondern vor der gleichnamigen Scuola!

Das Renaissance-Reiterstandbild des Condottiere Bartolomeo Colleoni auf dem Campo Santi Giovanni e Paolo

Wie ein Kleinod wirkt dagegen **Santa Maria dei Miracoli** ➡ E11, die winzige Hochzeitskirche von Venedig, die von hier aus über die Calle Erbe zu erreichen ist. Durch optische Tricks hat man versucht, die 1481–89 im Stil der Renaissance errichtete Kirche größer wirken zu lassen, als sie ist.

Wem der Sinn nach venezianischer Barockarchitektur steht, der sollte einen Blick in die Jesuitenkirche **Santa Maria Assunta dei Gesuiti** ➡ C11 werfen. Der Weg dorthin führt über den Rio del Santi Apostoli und dann rechts in die Rio Terra di SS. Apostoli ein, die zur Fondamenta Nuove und zur Kirche führt. Die Kirche birgt das beeindruckende Bild des 80-jährigen Tizian mit dem Martyrium des hl. Laurenzius (erste Kapelle links). Von hier aus (Fondamenta Nuove) starten auch die Boote zur Friedhofsinsel San Michele. Etwas weiter westlich steht die Kirche **Madonna dell'Orto** ➡ B9 mit der wohl schönsten gotischen Fassade Venedigs. Sie liegt am Rande des nordwestlichen Sestiere Cannaregio und ist über die Fondamenta S. Caterina, die Calle della Racchetta, die Fondamenta della Misericórdia, die Corte Vecchia und die Fondamenta Contarini zu erreichen – am besten, Sie orientieren sich in Richtung Canale delle Fondamenta Nuove. Dieser Stadtbezirk wirkt relativ modern und unterscheidet sich von den anderen durch breite Gehwege und lichtdurchflutete Gassen. Wie eine Insel liegt in diesem Bezirk das **Ghetto** ➡ B/C7/8. Zwar waren die venezianischen Juden weniger Pogromen ausgesetzt, trotzdem bleibt Venedig der zweifelhafte Ruhm, Begriff und Präzedenzfall des Ghettos erfunden zu haben: Bereits im 10. Jahrhundert kamen die ersten Juden nach Venedig. Die zunächst räumlich getrennte jüdische Gemeinde wurde ab 1516 ins Getto gesperrt. Ihr wurde das stillgelegte Gelände einer ehemaligen Kanonengießerei (*gettare* = gießen) zugewiesen, um die Trennung christlicher und jüdischer Wohnstätten besser kontrollieren zu können. Nachts wurden die Tore verschlossen. Napoleon beendete 1797 die Ghettoisierung und machte die jüdischen Venezianer zu Bürgern wie ihre christlichen Nachbarn – ein Zustand, der mit der deutschen Besetzung Venedigs 1943 ein grausames Ende fand. Heute herrscht wieder relativ viel Leben, wo einstmals 5000 Menschen wohnten. Das einstige Ghetto gehört zu den beliebtesten Zielen in der Stadt. ■

Auf den Spuren von Kommissar Brunetti

Im Stadtteil Castello ist mit der Amerikanerin Donna Leon, geboren 1942, eine Schriftstellerin zu Hause, die die derzeit erfolgreichsten Bücher über Venedig schreibt. »Castello war das am wenigsten renommierte *sestiere* der Stadt, ein Bezirk, wo vorwiegend solide Arbeiterfamilien wohnten, wo Kinder noch unbeleckt von der italienischen Sprache aufwachsen und nur Dialekt sprechen konnten, bis sie in die Grundschule kamen«, beschreibt sie ihr Viertel in der »Venezianischen Scharade«.

In der »Bar Colleoni« am Campo Santi Giovanni e Paolo neben der gleichnamigen Kirche soll sie gelegentlich schreiben, und die Bewohner der umliegenden Straße kennen die Amerikanerin mit den hellen Haarsträhnen im grauen Pagenkopf vom Sehen. Sie streift durch Gassen und Geschäfte, spricht mit Nachbarn, Verkäufern und Bettlern – und macht dabei jene Beobachtungen über die Stadt und ihre Menschen, die es ihr – ebenso wie ihre Themen von Umweltsünden bis hin zu Korruption in Kirche und Kommune – geboten scheinen lassen, diese Milieustudien dem italienischen Publikum vorzuenthalten.

Im Sestiere Castello ist die Schriftstellerin Donna Leon zu Hause

Denn Donna Leon lehnt es ab, ihre Krimis ins Italienische übersetzen zu lassen. Sie will in ihrer Wahlheimat nicht berühmt sein, und vielleicht fürchtet sie auch Kritik. Womöglich nicht zu Unrecht, heißt es doch etwa beim zehnten Fall, im »Gesetz der Lagune«, ganz unverklärt: »Bonsuan rauchte seine Zigarette zu Ende und warf die Kippe über Bord, völlig gedankenlos wie die meisten Venezianer.« Ihre Beobachtungen zum italienischen Persönlichkeitsbild sind jedoch nicht immer lieblos. »Und da hatte er jene bemerkenswerte Erkenntnis über die Italiener gewonnen«, schreibt Leon in der »Venezianischen Scharade«, »Es existierte keine Wahrheit jenseits der persönlichen Erfahrung, und alle Beweise, die im Widerspruch zur eigenen Ansicht standen, waren vernachlässigbar.«

Donna Leons Bücher zeichnen ein stimmungsvolles und treffendes Bild ihrer Wahlheimat. Alle Schauplätze sind authentisch: vom Opernhaus La Fenice, das im Erstling »Venezianisches Finale« eine Hauptrolle übernahm, über die Universität, an der Signora Brunetti lehrt, bis zur Kirche San Stefano, der einzigen in der Stadt, die sich über einen Kanal erstreckt. Vor ihrer Tür steht meist ein Mann, der auf unterschiedlich befüllten Wassergläsern orgelt. In der »Venezianischen Scharade«, Commissario Guido Brunettis drittem Fall, findet der Komissar in einer Wohnung des Hauses mit der Nummer 3470 gleich gegenüber der Kirche den letzten von drei Toten.

Auf dem Rialto-Markt, der Venezianern die Supermärkte ersetzt, versorgt sich auch Brunetti und in der nahen Cantina da Mori erholt sich der Commissario auf dem Heimweg von der Arbeit bei einer *umbrita vino*, einem Gläschen Wein, zu ein paar auf Zahnstochern gepiekten Häppchen. Obwohl die dunkle Steh-Bar, deren Decke zahlreiche Kupferkessel zieren, zu den berühmtesten Kneipen Rialtos gehört, sind die Einheimischen hier in der Überzahl – vielleicht in Folge ihres ungezwungeneren Herangehens an Wein während der Tagesstunden.

Beim nahen Campo San Polo ist der Commissario zu Hause. Mit seiner Frau und zwei Kindern lebt er 94 Stufen über Venedig: »Ihre Terrasse lag so hoch, dass man schon in den Glockenturm von San Polo hätte steigen müssen, um zu sehen, was er trieb.« Allerdings nutzt Brunetti Höhenlage und Abwesenheit seiner Familie lediglich zu einer lässlichen Sünde: Er isst seine Pasta am Abend eines langen, heißen Arbeitstages direkt aus der Schüssel.

Tipp: Ein Buch mit Routen auf den Spuren vom Commissario kann man für 19,80 Euro bestellen unter www.brunettistadtplan.de.

Von der Rialtobrücke zur Frari-Kirche

Ein weiterer Vorschlag für einen Spaziergang ist die Erkundung jener Gegend, wo »Herz und Bauch« Venedigs zusammentreffen: 6 **Rialto** ➡ E/F10. Die berühmte Brücke, Inbegriff der Stadt, führt direkt ins alte Handelsviertel, das noch heute die geschäftige Staffage für die vielen bunten Märkte ist. Von der Brücke hat man beiderseits weite Ausblicke auf den Canal Grande mit seinen Palastfronten, die man auch gleich doppelt – gespiegelt – sieht. Im venezianischen Ausdruck *canalazzo* aus *canal* und *palazzo* kulminiert das Wesen dieser Prachtstraße.

Jenseits des Canal Grande und an der engsten Stelle seiner Kurve liegt der weiße **Palazzo dei Camerlenghi** ➡ E10. Der Sitz der höchsten Finanzbeamten der Republik zeigt nicht nur eine Fülle schöner Renaissanceformen, sondern auch nicht so elegante vergitterte Fenster im Untergeschoss: Sinnigerweise war hier das Gefängnis für zahlungsunfähige oder -unwillige Schuldner untergebracht.

Von der Brücke herab gelangt man in die **Ruga degli Orefici**, die sich als Synonym des Wortes *ruga* für »ladengesäumte Straße« präsentiert. Geschäftiges Treiben, Feilschen, Prüfen und Wägen begleitet den Umsatz all der Güter, die des Venezianers leibliches Wohl ausmachen.

In den Laubengängen um den **Campo San Giacomo di Rialto** saßen einst die Wechsler an ihren *banchi*, denen die Bankiers in aller Welt ihren Namen verdanken. Hier wurde 1587 die erste öffentliche Bank Venedigs gegründet. Gegenüber, von der **Colonna del Bando**, verkündete man die Gesetze der Republik und die Rückkehr der Schiffe. Ganz in der Nähe überspannt eine Brücke mit dem pikanten Namen **Ponte delle Tette** ➡ E9, »Brücke der Brüste«, den Kanal. Sie erinnert an die nahe dem Handelszentrum angesiedelten Huren, die barbusig in den Fenstern ihrer Etablissements um Kunden zu werben hatten – angeblich auf Weisung der Republik, die befürchtete, ihre männliche Nachkommenschaft zeige nicht genug Interesse am anderen Geschlecht.

Auf dem Weg zur Frari-Kirche machen wir halt in der 7 **Scuola Grande di San Rocco** ➡ F7, dem ehemaligen Versammlungsort der Tuchmacher-

Mehr als nur eine Brücke: der Ponte di Rialto

Der Friedhof von Venedig liegt auf der Insel San Michele

Gilde. Berühmt ist sie für die Ausgestaltung durch Tintoretto, der die Decken zwischen 1564 und 1588 mit einem 56-teiligen Bilderzyklus geschmückt hat. Ein Besuch lohnt sich, selbst wenn man nur wenig Zeit hat: Nirgendwo sonst auf der Welt sieht man, wie Marias Auferstehung sich der Räuberleiter eines kleinen Engels verdankt. In der **Frari-Kirche** überstrahlen Tizians Altarbild der »Assunta«, seine Pesaro-Madonna und Bellinis »Madonna mit vier Heiligen« die vielen Dogengräber.

Die Inseln der nördlichen Lagune: San Michele, Murano, Burano, Torcello, Lido

Eine Route ganz anderer Art führt in die nördliche Lagune zu den Inseln, die teilweise eigenständige Städte waren, inzwischen aber eingemeindet sind. Sie sind alle mit dem Vaporetto vom Abfahrtsort Fondamenta Nuove erreichbar. Je nach Zeitplan kann man den Besuch mehrerer Inseln miteinander verbinden oder sie sich mit etwas mehr Muße einzeln anschauen. Der oder die Abstecher ins Hinterland der Lagunenstadt führen in ganz andere und sehr unterschiedliche Welten. Es lohnt sich also, sich von Venedigs Kunstschätzen loszureißen und den Alltag von Fischern, Entenjägern, Künstlern und anderen ganz normalen Lagunenbewohnern zu beobachten.

San Michele – Venedigs Friedhof

Der erste Halt auf der Strecke des Vaporetto vom Abfahrtsort Fondamenta Nuove führt indessen erstmal an den Endpunkt allen Lebens in der Lagune. Die unbewohnte Insel **San Michele** ➡ B/C13/14 wurde im Jahr 1837 mit der Nachbarinsel San Cristoforo verbunden und auf der zusammengelegten Insel der Friedhof von Venedig errichtet (So ab 12 Uhr geschl.). Trotz oder wegen der sich türmenden monströsen Mausoleen, der unzähligen Urnengräber, des Marmorprotzes und der

Engelstatuetten hat San Michele mit seinen Zypressen, seinen Katzen und seiner Stille etwas Berührendes. San Michele ist das ideale Ziel, wenn Sie die Reizüberflutung Venedigs für ein paar Stunden gegen absolute Ruhe tauschen wollen.

Der legendäre Ballett-Impresario Sergej Diaghilew liegt im nichtkatholischen Bereich begraben. Ein paar Schritte weiter rechts hat der noch bekanntere Komponist Igor Strawinsky seine letzte Ruhestätte gefunden. In kongenialer Zusammenarbeit haben diese beiden Künstler die Ballette »Petruschka« und »Der Feuervogel« komponiert bzw. inszeniert. Zur weiteren hier bestatteten Prominenz zählt der 1972 gestorbene amerikanische Dichter Ezra Pound.

Ursprünglich war San Michele eine Klosterinsel. Bereits seit dem 13. Jahrhundert waren hier Kamaldulensermönche ansässig. Von der Klosteranlage sind heute nur noch der Kreuzgang und die weiß leuchtende Kirche **San Michele in Isola** erhalten. Sehenswert ist die angrenzende **Cappella Emiliana**. Das sechseckige Kirchlein mit der weißen Kuppel ist wie die benachbarte Kirche ein bildschönes Renaissance-Bauwerk.

Murano – Die Insel der Glaskünstler

Nach wenigen Minuten Fahrt ab San Michele hält das Vaporetto in **Murano** ➡ bA–bE1–6, der wohl berühmtesten Insel. Seit dem 13. Jahrhundert ist sie Synonym für Glasfabrikation. Die *fornaci* genannten Brennöfen wurden damals von Venedig auf die Insel verlegt, um das Brandrisiko zu mindern, vor allem aber, um das Herstellungsmonopol besser sichern und kontrollieren zu können. Für die Arbeiter war es ab 1291 bei Todesstrafe verboten, die Insel zu verlassen oder auch ihre Berufsgeheimnisse zu verraten, denn man fürchtete, die exklusive Kunst könne auf der ganzen Welt verbreitet und dadurch entwertet werden. Bestimmte Rezepturen sind bis heute geheim, andererseits wird aber sogar Billigware für den Massenverkauf importiert. Im 16. Jahrhundert lebten und arbeiteten hier 30 000 Menschen. Heute teilen sich rund 6000 Menschen den Ort, der sich über fünf durch Brücken miteinander verbundene Inseln erstreckt. Obgleich das Produkt Glas weitgehend zur Massenware degradiert ist, lohnt der Gang durch eine der Glasfabriken, in der man noch heute die Techniken des Biegens, Drehens, Blasens und Schleifens praktiziert. Kostbares Glaswerk, Spiegel, Kristalle und drei gewaltige Kronleuchter sind im **Museo del Vetro** ➡ bC4/5 im 1680 als Bischofssitz erbauten Palazzo Giustinian versammelt.

Design aus Glas: Produkte der Insel Murano

Zwei Kirchen Muranos lohnen einen Besuch. Aus dem beginnenden 12. Jahrhundert datiert die **Basilika Santi Maria e Donato**, ein grandioses romanisches Bauwerk mit frei stehendem Campanile und barocken Elementen, das ursprünglich Bischofssitz für die Inselgemeinden Murano und Torcello war. Herausragend sind

Ein grandioses romanisches Bauwerk auf der Insel Murano: die Basilika Santi Maria e Donato

seine Bodenmosaike. Auch die im 14. Jahrhundert als Klosterkirche der Dominikaner errichtete und nach einem Brand Ende des 15. Jahrhunderts wieder aufgebaute Pfarrkirche **San Pietro Martire** ist sehenswert. Sie liegt an der Fondamenta Vetrai und besitzt ein 1488 geschaffenes Votivbild von Giovanni Bellini.

Sehenswert ist außerdem der neben der Kirche gelegene **Palazzo da Mula**, der im ausgehenden 14. Jahrhundert als einer der zahlreichen Sommersitze wohlhabender Venezianer auf der Insel errichtet wurde. Weißer Marmor, ein rotes Ziegeldach und eine der wenigen erhaltenen Gartenanlagen der Insel prägen das Bild des spätgotischen Baus. Im ummauerten Garten ist ein schöner, marmorner Rundbogen aus vorgotischer Zeit zu sehen. Der Palast selbst beherbergt heute das Standesamt Muranos und wird nur anlässlich von Ausstellungen fürs Publikum geöffnet. Wer ihn individuell besichtigen möchte, kann sich hier trauen lassen.

Burano – Heimat der Fischer und Klöpplerinnen

Weiterer Halt des Vaporetto vom Abfahrtsort Fondamenta Nuove ist die Insel **Burano** ➡ cC–cE1–3 mit ihren berühmten bunten Fassaden. Einer Legende zufolge sollten die farbenfrohen Häuser heimkehrenden Fischern zur Orientierung dienen – in Nebel oder Trunkenheit.

Auch wenn man sich nicht besonders für Feinspitzen interessiert, ist es einfach schön, an den Kanälen entlangzuschlendern und die in allen Farben leuchtenden Häuschen der Fischer zu betrachten. Burano (4800 Ew.) besteht aus vier Inseln, die durch Brücken miteinander verbunden sind. Die Kombination aus den spielzeugbunten Häuschen, den Brücken und Kanälen sowie den Zeugnissen alten Fischerei- und Kunsthandwerks strahlt Ruhe und einen ganz eigenen Zauber aus. So bietet ein Ausflug auf dieses Inselchen eine schöne Abwechslung vom Trubel und der Grandezza Venedigs.

Während Murano die Heimat des Glaskunstwerks ist, sind auf dieser idyllischen Insel von jeher Fischer und Spitzenklöpplerinnen zu Hause. Mit der Nadel werden die Spitzen *(merletti)* gestickt. An besonders filigranen Tischdecken können zehn Frauen bis zu drei Jahre gearbeitet haben. Die heutige Ware ist natürlich sehr viel gröber. Niemand kann sich mehr eine echte Luftstichdecke leisten – und niemand möchte oder kann mehr diese Feinarbeit verrichten (vielmehr pendeln die meisten Insulaner zu ihren ganz normalen Jobs nach Venedig). Dennoch hat die Scuola di Merletti die Spitzenstickerei, die gegen Ende des 18. Jahrhunderts zurückging, wiederzubeleben versucht, so dass man auch heute noch exzellent gearbeitete Nachbildungen alter Muster und Nadeltechniken

bekommt – zu entsprechenden Preisen. Im Gebäude der Scuola befindet sich auch das **Museo del Merletto** ➡ cD3, das die Geschichte der Kunst des Spitzenklöppelns erläutert.

Die Piazza Galuppi ziert außerdem das **Denkmal** des Komponisten Baldassare Galuppi (1706–85), der auf Burano geboren wurde und sich vor allem um die *opera buffa* verdient machte. Er verfasste mehr als hundert Opern und besaß in ganz Europa großes Ansehen.

Auch auf Burano gibt es neben dem Kunsthandwerk ein Sakralbauwerk, dessen Besuch lohnt. Die Kirche **San Martino** besitzt außer einem schiefen Campanile im Inneren eine sehenswerte Kreuzigungsszene von Tiepolo.

Markenzeichen von Burano: die bunten Fischerhäuser entlang der Kanäle

Torcello im Winter: Schon Hemingway war fasziniert vom morbiden Charme der Laguneninsel

Torcello

Schon von Weitem sieht man den **Campanile** von **Torcello** ➡ cA/cB1–3, einer Insel, die bereits im 1. Jahrhundert besiedelt wurde. Einstmals reichste Stadt der Lagune und Bischofssitz, verlor Torcello seit dem Mittelalter nach und nach an Bedeutung. Durch Malaria und Versumpfung des Landes schrumpfte die Einwohnerzahl von 20000 auf kaum 50, und vom einstigen Glanz sind nur zwei Kirchen geblieben. Beide liegen an der gut zehn Gehminuten vom Vaporetti-Bahnhof entfernten Piazza.

Ein echtes Highlight ist die Kathedrale **Santa Maria Assunta.** Die dreischiffige, bischöfliche Basilika aus dem 11. Jahrhundert ist wegen ihrer Mosaiken aus dem 12. Jahrhundert, deren Schönheit sich mit denen des Markusdoms durchaus messen kann, wegen der byzantinischen Madonna mit Kind und des »Jüngsten Gerichts« auf der Eingangswand ein echtes Kleinod. Ihr Glockenturm gehört zu jenen in der Lagune, die schon einmal eingestürzt sind. Im 17. Jahrhundert schlug ein Blitz in die Spitze ein, worauf diese abbrach. Einer lokalen Legende zufolge trifft alle 100 Jahre einen Campanile der Stadt ein ähnliches Schicksal. Gleich nebenan am schönen Domplatz steht die durch einen Säulengang mit der Kathedrale verbundene kleine Kirche **Santa Fosca**, ein prachtvoller romanischer Bau mit byzantinischen Elementen, der ebenfalls aus dem 11. Jahrhundert datiert.

Apsismosaik aus dem 12. Jahrhundert in der Kathedrale Santa Maria Assunta (Torcello)

Torcello liegt so weit nördlich in der Lagune, dass der Gezeitenwechsel die Insel kaum noch erreicht. Das Wasser, das Sie sehen, ist überwiegend Süßwasser – weshalb dieser Teil der Lagune auch *laguna morta*, die tote Lagune, genannt wird. Doch ist dieses romantische Inselchen viel eher friedlich als tot. Ernest Hemingway, der vor allem im Jahr 1948 viel Zeit im Veneto und auch in Venedig verbrachte, war fasziniert vom morbiden Charme Torcellos, der gefallenen Stadt und dem Restaurant »Locanda Cipriani«, das bis heute fortbesteht.

Lido

Die wohl legendärste Insel in der nördlichen Lagune ist der **Lido** ➡ dA–dC1–9. Zwölf Kilometer lang und knapp einen Kilometer breit erstreckt er sich vor Venedig und schützt die Stadt vor den Wellen der Adria – gewissermaßen als natürliche Grenze zwischen Meer und Lagune (»Lido« stammt aus dem Lateinischen und bedeutet so viel wie Nehrung). Sein feiner, flacher Sandstrand, der zum Teil öffentlich, zum Teil privat ist, macht ihn zu einem beliebten (und sehr kinderfreundlichen) Ausflugsziel der Venezianer. Hier gibt es »normale« Straßen, das offene Meer und endlich einmal Platz.

Wer möchte, kann im Hauptort Lido auf Thomas Manns Spuren wandeln, denn das heute in einen Apartmentkomplex umgewandelte **Grand Hotel des Bains** ➡ dB6 ist der Originalschauplatz seines Romans »Tod in Venedig« und diente auch als Kulisse für Viscontis gleichnamige Verfilmung. Seine Grandezza erinnert an jene Epoche, als der Lido – heute vor allem im Sommer ein reichlich rummeliger, typisch adriatischer Badeort – ein Spielplatz für die Reichen und Schönen Europas war. Auch das **Hotel Excelsior**, das 1907 erbaut wurde, und das **Casino** erinnern noch an die ruhmvollen Tage des Lido. Die Straße **Gran Viale Santa Maria Elisabetta** bildet mit Boutiquen, Cafés und Hotels das Herz des Lido.

Alljährlich im September kehrt der alte Glanz auch heute noch auf die Insel zurück, wenn der Lido zum Mekka der Filmliebhaber der Welt wird: Beim Filmfestival und der Verleihung des Goldenen Löwen, wenn sich auch die Stars aus Hollywood hier für ein paar Tage einmieten und man gelegentlich Woody Allen oder George Clooney in den Straßen sieht. Derzeit wird im Hauptort Lido für das Festival ein neues Gebäude errichtet, wobei sich die Fertigstellung wegen finanzieller Probleme verzögert.

Weitere Orte auf der Insel sind der zentral gelegene Sprengel Malamocco und Alberoni im Süden. Es lohnt sich, die gesamte lang gestreckte Landzunge mit dem Rad zu erkunden. ■

Badekabinen am Lido di Venezia

Museen und Galerien, Kirchen, Architektur und andere Sehenswürdigkeiten

Museumspass
Die städtischen Museen in Venedig bieten den Museumspass an, der sechs Monate gültig ist und pro Museum zu einem freien Eintritt berechtigt. Unter den Vista Points sind diese Museen mit einem Sternchen * hinter dem Namen versehen.

Der Museumspass ist an allen Ticketverkaufsstellen und in allen Museen erhältlich. Der Pass kostet € 20/14 (15–29 und ab 65 Jahre). Familien (zwei Erwachsene und mindestens ein Kind) können einen gemeinsamen Pass erwerben. Dabei zahlt nur ein Erwachsener den vollen Preis, die übrigen Mitglieder zahlen den ermäßigten. Weitere Infos zu den Museen unter: **www.visitmuve.it**.

Alle städtischen Museen haben am 25. Dez., 1.Jan. und 1. Mai geschlossen.

Museen und Galerien

Biblioteca Nazionale Marciana *
➡ H11
Piazzetta S. Marco – S. Marco
✆ 041 240 72 11
www.marciana.venezia.sbn.it
Mo–Fr 8–19, Sa 8–13.30 Uhr
Der schöne Renaissancebau liegt dem Dogenpalast gegenüber und erstreckt sich über die gesamte Länge der Piazzetta. Die Fassade zeigt zweigeschossige Arkadenbögen und gilt als Meisterwerk Ja-

Der schöne Renaissancebau der Biblioteca Nazionale Marciana gegenüber dem Dogenpalast

Die idyllische Fischerinsel Burano

copo Sansovinos. Dennoch steckte man ihn kurzerhand ins Gefängnis, als ein Teil der Decke des Gebäudes 1545 einstürzte. Die Biblioteca umfasst heute wertvolle Bucheinbände, Handschriften und frühe Zeugnisse der venezianischen Buchdruckerkunst. Zugänglich ist nur der große Saal im ersten Stock, der mit mehr als 20 allegorischen Deckengemälden verziert ist – drei stammen von Paolo Veronese.

Burano * ➡ cC–cE1–3
Mit dem Vaporetto von der Fondamenta Nuove zu erreichen
Die aus mehreren Inseln bestehende Fischersiedlung ist wegen ihrer farbigen Häuser eine Touristenattraktion. Berühmt ist sie für die seit dem 16. Jh. bestehende Spitzenherstellung. Das **Museo del Merletto** ➡ cD3 in der Scuola di Merletti a Burano an der Piazza Galuppi zeigt kostbare Spitzen (✆ 041 73 00 34, www.museomerletto.visitmuve.it, tägl. außer Mo 10–18, im Winter bis 17 Uhr, Eintritt € 5/3,50).

Ca' d'Oro ➡ D10
Cannaregio 3932
✆ 041 520 03 45, www.cadoro.org
Mo 8.15–14, Di–So 8.15–19.15 Uhr
Eintritt € 6/3, unter 18 Jahren frei, bei Sonderausstellungen € 9,50/6, Galleria dell'Accademia, Ca'd'Oro und Museo Orientale zusammen € 14/8
Das Ca' ist die Abkürzung für Casa; die Patrizier nannten ihre kleinen Paläste mit einigem Understatement Casa: Haus. Alle Patrizier träumten davon, einen Palast so luftig und schön wie den des Dogen zu besitzen. Die Baumeister des Ca' d'Oro haben es geschafft. Man meint, »das ganze Gebäude mit dem kleinen Finger halten zu können«, wie Sartre schreibt. 1896 vorsichtig restauriert, kam der Palazzo samt der darin aufbewahrten Kunstsammlung des letzten Besitzers, des Barons Giorgio Franchetti, an die Stadt. Neben erstklassigen Kunstwerken des 15.–18. Jh. vermittelt das Innere der **Galleria Franchetti** die Eleganz eines Adelssitzes des 15. Jh.

Ca' Rezzonico * ➡ G7
Dorsoduro 3136
✆ 041 241 01 00, www.visitmuve.it
Winter tägl. 10–17, Sommer 10–18 Uhr, Ticketverkauf bis eine Stunde vor Schließung, Eintritt € 8/5,50
Der von Baldassare Longhena 1649 entworfene und 1756 fertiggestellte Barockpalast kam Anfang des 18. Jh. in den Besitz der Familie

Rezzonico. 1935 erwarb der Staat den Bau für das **Museo del Settecento Veneziano**, ein Museum venezianischer Kultur des 18. Jh.

Casa di Carlo Goldoni * ➡ F8
Calle dei Nomboli 2794 – S. Polo
✆ 041 275 93 25
www.visitmuve.it
Winter tägl. außer Mi 10–16, im Sommer 10–17 Uhr, Schalterschluss eine halbe Stunde vor Schließung
Eintritt € 5/3,50
Das Geburtshaus des wohl berühmtesten venezianischen Lustspieldichters (1707–93) wurde 1931 von einer Bürgerinitiative erworben und der Stadt zur Pflege von Goldonis Nachlass übergeben.

Heute beherbergt der Palazzo neben Erinnerungsstücken, Erstausgaben der Werke, Kostümen und Bühnenentwürfen auch das »Istituto studi teatrali«. Nach umfangreicher Renovierung wurde das Haus Ende September 2001 wiedereröffnet.

8 Collezione Peggy Guggenheim ➡ J9
Palazzo Venier dei Leoni – Dorsoduro 704 (zwischen *stazione* »Accademia« und »Salute«)
✆ 041 240 54 11
www.guggenheim-venice.it
Tägl. außer Di 10–18 Uhr

Giorgiones Gemälde »Das Gewitter« (1506/07) in der Galleria dell'Accademia

Eintritt € 12, Senioren € 10, Studenten € 7, unter 10 Jahren frei
Die erstklassige Sammlung der Amerikanerin, die hier 30 Jahre lebte, umfasst Gemälde und Skulpturen der bedeutendsten Künstler des 20. Jh.: Braque, Chagall, Max Ernst (mit ihm war sie verheiratet), Kandinsky, Klee, Magritte, Picasso, Pollock u.a. Die Kollektion wird seit Peggy Guggenheims Tod 1969 von einer Stiftung ihres berühmten New Yorker Onkels verwaltet und gehört unstrittig zu den hochkarätigsten Privatsammlungen der Moderne. Man findet sie in jenem Palast am Canal Grande, in dem die Sammlerin auch wohnte.

2 Galleria dell'Accademia
➡ H/J8
Campo della Carità – Dorsoduro 1050
✆ 041 520 03 45
www.gallerieaccademia.org
Mo 8.15–14, Di–So 8.15–19.15 Uhr
Eintritt € 14/11, unter 18 und über 65 Jahre frei
Die erstklassigen Gemäldesammlungen der Accademia sind die umfassendste Dokumentation der Entwicklung der venezianischen Malerei, die die Stadt zu bieten hat. Sie zeigt Bilder von Bellini, Carpaccio, Tintoretto, Tiepolo u.a.

Galleria Franchetti ➡ D10
Calle Ca' d'Oro – Cannaregio 3932
✆ 041 520 03 45
www.cadoro.org
Tägl. 8.15–19.15, Mo 8.15–14 Uhr
Eintritt € 6/3, unter 18 und über 65 Jahre frei
Plastiken, Gobelins, Gemälde u.a. von Carpaccio, Bellini und Tizian.

Galleria Internazionale d'Arte Moderna *
Ca' Pesaro ➡ D9
S. Croce 2070, nahe *stazione* »S. Stae«
✆ 041 72 11 27
www.visitmuve.it
Im Winter tägl. außer Mo 10–17,

im Sommer 10–18 Uhr, Schalterschluss 1 Std. vor Schließung
Eintritt € 8/5,50
Das Museum wurde 1897 gegründet, um die bedeutendsten preisgekrönten Exponate der alle zwei Jahre im Rahmen der Biennale stattfindenden *Esposizione Internazionale d'Arte* in einer Dauerausstellung zu vereinen. Ergänzungen erfuhr diese Sammlung durch private Stiftungen. Neben italienischen Künstlern sind auch Werke von Franz von Lenbach, Liebermann, Rodin, Chagall u.a. zu sehen. Die *Galleria* zählt zu den wichtigsten Museen dieser Art in Italien.

Il Centro d'arte contemporanea
Vgl. Palazzo Grassi S. 33.

Museo Civico Correr * ➡ G11
S. Marco 52 – Piazza S. Marco
Direkt gegenüber der Basilika San Marco
✆ 041 240 52 11
www.visitmuve.it
Tägl. April–Okt. 10–19, Nov.–März 10–17 Uhr
Eintritt € 16/8 (für Dogenpalast, Museo Correr, Museo Archeologico, Biblioteca Marciana und ein Museum Civici Veneziani), Familien erhalten ab der 2. Person Ermäßigung
Das Museum präsentiert neben der Geschichte der italienischen Einigungsbewegung und der Gemäldegalerie mit Werken des 14.–18. Jh. vor allem Anschauliches und Aufschlussreiches zur Dogengeschichte, zum Staatszeremoniell und zur Topographie Venedigs.

Museo del Merletto
Vgl. Burano S. 29.

Museo del Settecento Veneziano *
Vgl. Ca' Rezzonico S. 29 f.

Museo del Vetro * ➡ bC4/5
Fondamenta Giustinian 8, Murano

Im Museo Civico Correr: Gentile Bellinis »Bildnis des Dogen Giovanni Mocenigo« (um 1480) und Baldassare Estenses »Porträt eines jungen Mannes« (Ende 15. Jh.)

✆ 041 73 95 86
www.visitmuve.it
Tägl. im Winter 10–17, im Sommer 10–18 Uhr
Eintritt € 8/5,50
Das Museum im 1680 als Bischofssitz erbauten Palazzo Giustinian versammelt und präsentiert kostbares Glaswerk, Spiegel, Kristalle und drei gewaltige Kronleuchter.

Museo Ebraico di Venezia ➡ B8
Campo di Ghetto Nuovo – Cannaregio 2902/b
✆ 041 71 53 59

www.museoebraico.it
Tägl. außer Sa Juni–Sept. 10–19, Okt.–Mai bis 18 Uhr, Sa und an jüdischen Feiertagen geschl.
Eintritt € 3/2, mit Führung durch Synagogen (ital./engl. stündl. ab 10.30 Uhr, andere Sprachen auf Vorbestellung) € 8,50/7
An der Südecke des Campo di Ghetto Nuovo ist der Zugang zum Museum, das Kultgeräte und Zeugnisse jüdischer Kultur zeigt. Im Verlauf der spannenden Führungen kann man die im gleichen Haus befindliche **Scola Tedesca** und die Synagogen der Levantiner und der Spanier im Ghetto Vecchio besichtigen. Sehenswert ist auch die Bibliothek.

Museo Fortuny * ➡ G9
S. Marco 3958 – Campo San Benedetto
✆ 041 42 73 08 92
www.visitmuve.it
Während der Wechselausstellungen tägl. außer Di 10–18 Uhr
Eintritt € 10/8
Ein wenig versteckt liegt der spätgotische Palazzo Pesaro degli Orfei am Campo San Benedetto hinter dem Campo San Angelo. 1899 kauften Mariano und Henriette Fortuny diesen Palast, wo der 1871 in Granada geborene Künstler, Designer, Kostümbildner und Erfinder Fortuny malte, Bücher band, fotografierte, mit Textilfarben experimentierte sowie Theaterkostüme, Möbel und Lampen entwarf. Zudem fertigte er duftige Kleider aus Seidenplissee für Kundinnen wie Schauspielerin Eleonora Duse und die Tänzerin Isadora Duncan. Das Museum zeigt neben Arbeiten Fortunys Wechselausstellungen.

Museo Storico Navale ➡ H14/15
Riva di S. Biasio – Castello 2148
✆ 041 244 13 99
www.marina.difesa.it (nur italienisch)
Mo–Fr 8.45–13.30, Sa 8.45–13 Uhr
Eintritt € 1,55
Das auch für Kinder interessante Museum venezianischer Seefahrtsgeschichte zeigt neben Schiffsmodellen, nautischem Gerät und Waffen auch Pläne und Ansichten von Venedig, dem Arsenal und kolonialen Festungen.

4 Palazzo Ducale (Dogenpalast) * ➡ G11/12
Piazzetta S. Marco – S. Marco 1
Eingang Porta del Frumento, Piazzetta San Marco
✆ 041 271 59 11
www.visitmuve.it

Modell der vergoldeten Staatsgaleere »Bucintoro« im Museo Storico Navale

Im Palazzo Ducale, dem Dogenpalast, wurden einst die Geschicke der Serenissima Repubblica di San Marco gelenkt

April–Okt. tägl. 8.30–19, Nov.–März 8.30–17.30 Uhr, die Kasse schließt 1 Std. vorher
Eintritt € 16/8
Führungen auf Englisch Fr–Mo 9.30, 11 und 12.30, auf Italienisch 12.30, auf Französisch Sa 10 und 11.30 Uhr
So gelangt man z. B. in jenen Kerker, in dem einst Giacomo Casanova einsaß. Dauer ca. 2 Std. Teilnahme € 20/14 (inkl. Eintritt). Eine Voranmeldung ist erforderlich, ✆ 041 42 73 08 92 (nur aus dem Ausland) oder ✆ 848 08 20 00 oder online.
Die heutige Form des Dogenpalastes geht auf den Anfang des 15. Jh. zurück, als die Fassaden zum Molo (vollendet 1419) und zur Piazzetta S. Marco (1424) ihre Gestalt erhielten. Höhepunkt der gotischen Bauphase ist die Porta della Carta (1438–41), der Innenhof ist der Beitrag der Renaissance. Der Palazzo Ducale ist ein Dokument venezianischer Staatsgeschichte und das politische Zentrum der Serenissima; heute ein weitläufiges Museum mit erstklassigen Wand- und Deckengemälden.

Palazzo Grassi ➡ G8 und **Il Centro d'arte contemporanea** ➡ J10
Palazzo Grasssi: Campo San Samuele – S. Marco
Il Centro: Punta della Dogana – Dorsoduro
✆ 199 13 91 39, ✆ +39 041 271 90 39 (aus dem Ausland)
www.palazzograssi.it
Tägl. außer Di 10–19 Uhr, die Kasse schließt 1 Std. vorher
Eintritt Palazzo Grassi € 15/10, kombiniert mit Punta della Dogana € 20/15
Die beiden vom japanischen Stararchitekten Tadao Ando entworfenen Museen zeigen die bedeutende Sammlung des französischen Milliardärs François Pinault. Gegenwartskunst, wechselnde Installationen.

Pinacoteca Querini Stampalia ➡ F12
Santa Maria Formosa – Castello 5252
✆ 041 271 14 11
www.querinistampalia.it
Di–Sa 10–18, Eintritt € 10/8
In zeitgenössischem Ambiente vermitteln lebensnahe venezianische Genrebilder von Pietro Longhi sowie Fest-, Zeremonien- und Brauchtumsschilderungen von Gabriel Bella Einsichten in das städtische Leben des späten 18. Jh. Angeschlossen ist ein zauberhaftes Café mit Garten (zum Zeitpunkt der Drucklegung geschl.).

Das zauberhafte Spiegelbild des Markusdoms – gemalt vom ärgsten Feind der Stadt: dem Hochwasser (»acqua alta«)!

Kirchen

Wenn man mehrere Kirchen besichtigen will, lohnt sich der Kauf eines **Chorus Pass**, der € 10/7 kostet (www.chorusvenezia.org). Mit ihm kann man ein Jahr lang alle im Folgenden mit einem * versehenen Kirchen kostenlos besichtigen. Den Pass erhält man in den Kirchen, in den Vela-Ticket- und in Reisebüros; außerdem ist er unter obiger Adresse online buchbar.

Basilica dei Santi Giovanni e Paolo (S. Zanipolo) ➡ E12
Campo dei Santi Giovanni e Paolo – Castello
Mo–Sa 9–18, So 12–18 Uhr
Eintritt € 2,50
Nach einer Stiftung 1246–1430 errichtete und zu den bedeutendsten Sakralbauten Venedigs zählende Dominikanerkirche.

3 Basilica di San Marco
➡ G11/12
Piazza S. Marco – S. Marco
www.basilicasanmarco.it
Basilica, St. Mark's Museum, Pala d'Oro (Goldaltar), Tesoro (Kirchenschatz): Mo–Sa 9.45–17, So 14–16, April–Nov. 14–17 Uhr, Museum So geschl., Eintritt Basilica frei, St. Mark's Museum € 5/2,50, Pala d'Oro € 2/1, Schatzkammer € 3/1,50, Führung möglich
Die ursprüngliche Dogenkapelle wurde Grablege des hl. Markus und ideeller Mittelpunkt des Staates. Ihre heutige Gestalt erhielt die 1094 geweihte Basilika zwischen 1063 und 1071. Der spätromanische Bau ähnelt der Apostelkirche von Konstantinopel. Der Marmorfußboden, die kostbare Ausstattung und die mit Goldmosaiken überzogenen Wände (12.–18. Jh.) und Kuppeln geben der Kirche ein orientalisch-mystisches Gepräge. Unvergleichlich ist der goldene Altaraufsatz, die **Pala d'Oro**, ein Meisterwerk byzantinischer und venezianischer Goldschmiede- und Emaillearbeit des 10.–14. Jh.

Im **Tesoro** (Schatzkammer) erden byzantinische Beutestücke von 1204, liturgisches Gerät und Gefäße von seltener Schönheit aufbewahrt. Die Originale der Goldenen Pferde sind von der Galerie aus zu besichtigen.

Donatellos »Johannes der Täufer« (1438) in Santa Maria Gloriosa dei Frari

I Frari (S. Maria Gloriosa dei Frari)
* ➡ F7
Campo dei Frari – S. Polo

www.basilicadeifrari.it
Mo–Sa 9–18, So 13–18 Uhr
Eintritt € 3
Mitte des 14. Jh. erbaute Franziskanerkirche, die stilistisch und funktional mit der zweiten Bettelordenskirche S. Zanipolo verwandt ist. Hier werden die Grabmäler von anderen Meisterwerken übertroffen: Donatellos Holzskulptur »Johannes der Täufer« (1438), Giovanni Bellinis »Madonna mit vier Heiligen« (1488), Tizians »Assunta« (1516–18) und die »Madonna des Hauses Pesaro« (1519–26). In der Frari-Kirche sind die Künstler Tizian und Antonio Canova begraben.

Gesuati (S. Maria del Rosario) * ➡ J7/8
Fondamenta Zattere am Canale della Giudecca, Dorsoduro
✆ 041 523 06 25
Mo–Sa 10–17, Eintritt € 3
Die Kirchenfassade zeigt Statuen der Kardinaltugenden, den Innenraum ziert eine herrliche Tiepolo-Decke (1737–39).

Gesuiti (S. Maria Assunta dei Gesuiti) ➡ C11
Campo dei Gesuiti – Cannaregio
Tägl. 10–12 und 16–18 Uhr
Eintritt € 3
Die barocke Jesuitenkirche vom Anfang des 18. Jh., die umfangreich renoviert worden ist, beeindruckt durch ihren Innenraum und das erschütternde Bildnis des Laurentiusmartyriums des 80-jährigen Tizian.

Madonna dell'Orto * ➡ B9
Fondamenta della Madonna dell'Orto – Cannaregio 3512
Mo–Sa 10–17
Eintritt € 3
Gotische Kirche aus dem 14./15. Jh. mit großformatigen Gemälden Tintorettos, der in der rechten Apsis mit seinen Kindern begraben liegt.

Il Redentore (Chiesa del SS. Redentore) * ➡ L9
Campo del SS. Redentore – La Giudecca
Mo–Sa 10–17 Uhr, Eintritt € 3
Während der Pest von 1576/77 gelobte die Serenissima den Bau einer Votivkirche, wenn der Erlöser sie von der Seuche befreien würde. Il Redentore ist wie S. Giorgio Maggiore das Werk des berühmten Architekten Andrea Palladio.

S. Giacomo dall'Orio * ➡ E8
Campo di S. Giacomo dall'Orio – S. Croce

Die Votivkirche des berühmten Architekten Andrea Palladio: Il Redentore am Giudecca-Ufer

Mo–Sa 10–17 Uhr
Eintritt € 3
Die im 9. Jh. gegründete und 1225 zu einer dreischiffigen Anlage erweiterte Kirche wurde im 15. Jh. umgebaut. Ihre Deckenkonstruktion ist das einzige erhaltene Dokument für die einst in Venedig so verbreitete Holzbauweise.

S. Giorgio Maggiore ➡ J12
Isola S. Giorgio Maggiore – Dorsoduro
Tägl. 9.30–12.30 und 14.30–18.30, Okt.–März nur bis 16.30 Uhr
Eintritt Campanile € 3/2, Kirche Eintritt frei
Eines von Tintorettos Abendmahlbildern gibt es hier zu bestaunen. Und wenn die Mönche Zeit haben, zeigen sie Carpaccios Heiligen Georg, der den Drachen besiegt.

S. Giovanni Elemosinario *
➡ E10
Rialto Ruga Vecchia San Giovanni – S. Croce
Mo–Sa 10–17 Uhr
Eintritt € 3
Von außen so unscheinbar, dass man daran vorbeigehen würde, erstrahlt drinnen Tizians Almosenspende des hl. Johannes.

Die Hochzeitskirche von Venedig: Santa Maria dei Miracoli

S. Maria dei Miracoli * ➡ E11
Campo Santa Maria Nova – Cannaregio
Mo–Sa 10–17 Uhr, Eintritt € 3
Kostbarer kleiner Steinschrein (1481–89) von Pietro Lombardo für ein wundertätiges Madonnenbild; heute die Hochzeitskirche von Venedig.

S. Maria del Giglio (S. Maria Zobenigo) * ➡ H9
Campo S. Maria del Giglio – S. Marco
Mo–Sa 10–17 Uhr, Eintritt € 3
Diese Kirche wurde im 9. Jh. von der slawischen Familie Jubanico gestiftet. Zweimal brannte sie ab und wurde 1680 neu errichtet; die Familie Barbaro übernahm die Kosten für die Fassade. Diese stellt denn auch eine in bewegten Barockformen gehaltene Verherrlichung und Selbstbeweihräucherung der Barbaros dar. Ein christliches Symbol sucht man vergebens.

9 S. Maria della Salute ➡ J10
Campo della Salute – Dorsoduro
Tägl. 9–12 und 15–17 Uhr
Eintritt € 2 für die Sakristei
Die Votivkirche Venedigs für das Ende der Pest 1631, die 47 000 Menschen das Leben kostete, ist der »Madonna der Gesundheit« geweiht. Für das Fundament der Marienkirche wurden 1 156 627 Baumstämme in den Lagunengrund getrieben.

Neben das antikisierende Portal treten die Achteckseiten wie Nebenfassaden. Diese Wirkung verstärken die wuchtigen Voluten am Kuppeltambour, ein rein illusionistisches Element und funktionsloser Zierat, da die Kuppel eine gewichtsarme Scheinkonstruktion aus Holz ist, die die eigentlichen Steingewölbe nur poetisch in Szene setzt.

Der wahrhaft monumentale Innenraum birgt eine byzantinische Marien-Ikone aus dem 12./13. Jh. In der Sakristei sollte man sich un-

Santa Maria della Salute im Abendlicht

bedingt Tintorettos »Hochzeit zu Kana« und Tizians beinahe geopferten Isaak ansehen.

S. Pietro di Castello * ➡ G17/18
Campo di S. Pietro – Castello
Mo–Sa 10–17 Uhr
Eintritt € 3
Am östlichsten Rand der Stadt hatte der venezianische Bischof seinen Sitz. Während der Markusdom der politische und ideelle Mittelpunkt der Serenissima war, hatte man den Vertreter der römischen Kirche demonstrativ an die Peripherie verbannt, um von vornherein jeglichen Einmischungsversuchen Roms einen Riegel vorzuschieben. Ein deutliches Signal an den Papst, die Souveränität Venedigs zu achten.

Die isoliert liegende Kirche geht auf das 8. Jh. zurück, erhielt ihr heutiges Erscheinungsbild aber erst im 17. Jh.

S. Polo * ➡ F8
Campo di S. Polo
Mo–Sa 10–17 Uhr
Eintritt € 3

Die aus dem 15. Jh. stammende Kirche ist im 19. Jh. gründlich verändert worden. Der Campanile von 1362 wird von romanischen Löwen bewacht. Im rechten Seitenschiff hängt ein »Abendmahl« Tintorettos. Mit Hilfe des Küsters sollte man sich den hinreißend temperamentvoll gemalten Kreuzweg des erst 20-jährigen Tiepolo (1724–1804) in der Sakristei ansehen.

S. Sebastiano * ➡ H5
Campo S. Sebastiano – Dorsoduro
Mo–Sa 10–17 Uhr
Eintritt € 3
Die äußerlich unscheinbare Kirche (1505–48) gewinnt kunsthistorische Bedeutung durch die berühmte Deckengestaltung von Langhaus (1556) und durch die Sakristei (1555), die Paolo Veronese mit Gemälden versah. Unter der Orgel von S. Sebastiano ist Veronese bestattet. Die Benutzung eines Audioguides ist inklusive.

S. Stefano * ➡ G9
Campiello S. Stefano – S. Marco
Mo–Sa 10–17 Uhr, Eintritt € 3
Die im 14. Jh. begonnene Kirche hat eine bewegte Geschichte hinter sich; wegen wiederholter Bluttaten in ihren Mauern musste sie sechs Mal neu geweiht werden.

Der Innenraum ist dezent farbig gefasst und gewinnt seinen Reiz durch luftige Arkadenstruktur, bemalte hölzerne Verstrebungen und Gewölbe. Ihr Campanile ist der wohl schiefste der Stadt.

S. Trovaso
(SS. Gervasio e Protasio) ➡ J7
Campo S. Trovaso – Dorsoduro
Mo–Sa 15–18 Uhr
Eintritt € 3
Das an sich schmucklose Äußere der im 11. Jh. errichteten Kirche geht auf Umbauten im 17. Jh. zurück. Ein besonderes Charakteristikum sind die zwei gleichartigen Fassaden. Im Innern kann man unter anderem eine »Versuchung des hl. Antonius« und ein »Abendmahl« von Tintoretto bewundern.

Architektur und andere Sehenswürdigkeiten

Burano
Vgl. S. 23 f., 29.

Biennale-Gelände ➡ J/K17
Giardini Pubblici – Castello

An den Fondamenta Nani gelegen: San Trovaso im Sestiere von Dorsoduro

Mit dem Parkgelände, dem ein ganzer Teil dieses Sestiere weichen musste, gewann man das einzige Experimentierfeld für moderne Architekturideen im historischen Gesamtkunstwerk Venedig. Schon deshalb lohnt ein Spaziergang zu den im Park verstreuten Pavillons der verschiedenen Länder, die oft von berühmten Architekten und Designern entworfen wurden.

5 Campanile di San Marco

➡ G11

Piazza S. Marco
✆ 041 522 40 64
Ostern–Juni 9–19, Juli–Sept. 9–21, Okt. 9–19, Nov.–März 9.30–15.45 Uhr, Eintritt € 8

Der 912 errichtete, 98,6 m hohe Turm ist das Wahrzeichen der Stadt. Nach seinem Einsturz 1902 wurde er originalgetreu wieder

Venedigs Biennale für zeitgenössische Kunst

Seit 1895 sorgt die Biennale di Venezia alle zwei Jahre für Aufregung in der internationalen Kunstwelt. Los ging es gleich mit einem veritablen Skandal, als sich der spätere Papst Pius X., seinerzeit Patriarch von Venedig, über eine Darstellung nackter trauernder Frauen am Sterbebett des Don Juan echauffierte. Trotzdem wurde die Schau sofort zu einem überwältigenden Erfolg und im Lauf ihrer Geschichte haben hier alle großen Künstler der Moderne ihre Arbeiten vorgestellt. Heute besitzen die ebenfalls zur Biennale gehörenden, seit 1932 jedes Jahr im September auf dem Lido stattfindenden Filmfestspiele (mit vollem Namen: Mostra internazionale dell'Arte Cinematografica) und ihre Gäste in der Regel mehr Skandalpotential als die Kollegen aus der bildenden Kunst. Die Filmfestspiele sind nicht nur das älteste, sondern neben denen in Cannes und Berlin auch das wichtigste Filmfestival der Welt. Eines eint beide Sparten der Biennale, zu der außerdem auch ein Tanz- und Theaterfestival sowie die alternierend mit der Kunst-Schau ausgerichtete Architektur-Biennale gehören: Sowohl Film- als auch Kunstschaffende werden mit Goldenen Löwen ausgezeichnet.

Insgesamt sind 28 Länder in den Giardini Pubblici in Castello mit ihren Pavillons vertreten und bilden ein außergewöhnliches Ensemble internationaler Architektur. Weil die Platzfrage in Venedig ein allgegenwärtiges Problem ist, sind andere Staaten mit ihren Ausstellungen in Kirchen, Palästen und gemieteten Räumen über die ganze Stadt verteilt. Seit 1999 werden auch die ehemaligen Werften (Arsenale) als Veranstaltungsort einbezogen. Während die Biennale heute die Postmoderne feiert, ist das Gelände im Biennale-Park eine dauerhafte Ausstellung zur Architektur des 20. Jahrhunderts. Die Pavillons in den Giardini sind wegen ihrer völlig unterschiedlichen Baustile sehenswert – vom verspielten Zuckerbäcker-Pavillon Russlands, der im Jahr 1914 errichtet wurde, bis zum österreichischen »White Cube« des Wiener Architekten Josef Hoffmann im Bauhaus-Stil, der 1934 hinzukam. Alvar Aalto entwarf 1956 den finnischen Bau. Deutschland ist bereits seit 1909 mit einem Pavillon vertreten, den der Architekt Daniele Donghi aus Venedig schuf. Die Pavillons sind nur während der Biennale der Öffentlichkeit zugänglich, wenn die einzelnen Länder ihre Ausstellungen präsentieren. 2011 stand der im Vorjahr verstorbene deutsche Künstler Christoph Schlingensief im deutschen Pavillon im Mittelpunkt.

Von außen kann man die Pavillons auch zwischen den Biennalen besichtigen und zugleich ein in Venedig recht exotisches Erlebnis genießen: einen Spaziergang im Park.

Vom Campanile di San Marco überblickt man bei schönem Wetter Venedig und die gesamte Lagune

aufgebaut. Zur vollen Stunde besuchen!

❶ Campo di Santa Margherita ➡ G6/7
Einer der größten Plätze der Stadt und dank der von vielen Studenten frequentierten Bars auch einer der lebhaftesten. Die Kirche Santa Margherita, die dem Platz den Namen gibt, ist heute Aula der Universität. Die übrigen Bauwerke sind nicht außergewöhnlich eindrucksvoll, doch erlaubt der Campo Einblicke ins normale Leben der Lagunenstadt.

Canal Grande ➡ D4–J10
300 Gebäude aus der Zeit 12.–18. Jh. bezeugen auf einer Länge von 3800 m das Selbstverständnis der Kaufleute vom Rialto, deren Paläste die Funktion von Handelshöfen mit den Formen eleganter Repräsentation verschmolzen.

Casa del Tintoretto ➡ B9
Fondamenta dei Mori 3399 – Cannaregio
In diesem kleinen gotischen Palazzo verbrachte der berühmte Maler Tintoretto die letzten 20 Jahre seines Lebens.

Colleoni-Denkmal ➡ E12
Campo SS. Giovanni e Paolo – Castello
Das Reiterstandbild des Söldnergenerals Bartolomeo Colleoni modellierte der florentinische Bildhauer Andrea del Verrocchio (1435–88).

Fondaco dei Tedeschi ➡ E/F10
Canal Grande – S. Marco
Das bereits 1228 erwähnte Handelshaus der Deutschen, an privilegierter Stelle nahe Rialto gelegen, brannte 1505 ab. Als besonderen Gunstbeweis übernahm die Serenissima die Kosten für den monumentalen Neubau, der jahrzehntelang die Hauptpost beherbergte.

Nachdem das Unternehmen Benetton das Gebäude gekauft hat, soll es nun in ein Kaufhaus verwandelt werden, was die Venezianer kritisch sehen. Das Architekturbüro OMA (Mitbegründer ist Rem Koolhaas) wurde mit der Umgestaltung der insgesamt 160 Räume betraut. Sie sind auf vier Etagen um einen quadratischen Innenhof gruppiert, auf den sich Pfeilerarkaden öffnen. Der Entwurf wurde allerdings zunächst zurückgewiesen, weshalb das Projekt derzeit stagniert.

Ghetto ➡ B/C7/8
Cannaregio
Auf dem 1516 den Juden als abgeschlossener Siedlungsraum zugewiesenen Gelände einer Metallgießerei standen die höchsten, bis zu siebenstöckigen Häuser Venedigs. Überraschend ist die Pracht der hinter den schlichten Fassaden verborgenen Synagogen der verschiedenen Kultusgemeinschaften aus dem 16. Jh. Von den insgesamt fünf Synagogen sind heute noch drei zugänglich (Eintritt für **Museo della Comunità Ebraica** und Synagogen € 8,50/7).

Palazzo dei Camerlenghi ➡ E10
Canal Grande – S. Polo
Eleganz und Lage des weißen, mit Renaissanceornamenten geschmückten Palazzo (1525–28) weisen ihn als Sitz der drei höchsten Finanzbeamten der Republik aus. Die vergitterten Fenster im Erdgeschoss erinnern an seine Nebenfunktion als Schuldgefängnis.

Palazzo Ducale
Vgl. S. 32 f.

Palazzo Contarini-Fasan ➡ H10
Nicht nur für Anglisten eine wichtige Sehenswürdigkeit: In diesem spätgotischen Palast am Canal Grande wohnte der Überlieferung zufolge einst Desdemona, vom Dramatiker William Shakespeare in »Othello« unsterblich gemacht – wiewohl er sie als Opfer der Eifersucht ihres Mannes dennoch über seine literarische Klinge springen lässt. Shakespeares Untertitel »Der Mohr von Venedig« ist irreführend; vermutlich dürfte eher ein venezianischer Maure Pate für die Figur gestanden haben.

Palazzo Labia ➡ C7
Campo S. Geremia 275 – Cannaregio
✆ 041 78 12 77
Mi–Fr 15–16 Uhr kann der Festsaal besichtigt werden
Der Palast aus dem späten 18. Jh., der lange Sitz der italienischen Rundfunkgesellschaft RAI war, steht zum Verkauf. Er soll aber auch in Zukunft kulturell genutzt werden. Sehr sehenswert sind die Fresken Giambattista Tiepolos im prachtvollen Festsaal.

Palazzo Mastelli o del Cammello ➡ B9
Campo dei Mori – Cannaregio
Wohnhaus der Brüder Mastelli, levantinischer Kaufleute, mit schönen Reliefs aus dem 13. Jh., darunter auch das namenstiftende Bild eines Kameltreibers.

Palazzo Sanudo ➡ E11
Ecke Fondamenta Sanudo/Calle Castelli – Cannaregio
Gotischer Palast aus dem Jahr 1470, besonders beeindruckend sind die herrlichen Holztüren.

Die Paläste entlang dem Canal Grande in abendlicher Illumination; im Hintergrund die Salute-Kirche

»*Frutti di mare*« auf dem Pescheria

Pescheria ➡ E10
Campo della Pescheria – S. Polo
Tägl. außer So und Mo 6–12 Uhr
Zwischen neugotischen Arkaden wird auch heute noch der Fischmarkt abgehalten. Das Gebäude stammt aus dem 20. Jh., aber die Fischer verkaufen ihren Fang hier bereits seit dem 14. Jh.

3 Piazza San Marco ➡ G11
Der zwischen dem 9. und 16. Jh. langsam gewachsene, trapezförmige Fest-, Zeremonial- und Siegesplatz der Serenissima ist 175 m lang, 56–82 m breit und auf drei Seiten von den Arkaden der Verwaltungsgebäude gesäumt, die im 16. Jh. erbaut und unter Napoleon im Westen verbunden wurden. Den Eingang zur *Merceria*, der Einkaufsstraße, markiert der Uhrenturm **(Torre dell'Orologio)**, von Mauro Coducci um das Jahr 1502 erbaut, dem die symbolische Funktion des Stadttors zufällt. Die Ostseite der Piazza gehört dem Markusdom. Zum Molo hin setzt sich der Platz L-förmig in die **Piazzetta San Marco** fort, flankiert vom **Palazzo Ducale** und der **Biblioteca Nazionale Marciana**.

6 Ponte di Rialto ➡ F10
Die 48 m lange und 22 m breite, einbogige Steinbrücke, von Antonio da Ponte 1588–91 auf etwa 12000 Pfählen erbaut, ersetzte frühere Holzkonstruktionen. Die Dimensionen der damaligen Galeeren bestimmten die Bogenhöhe von 7,50 m. Das vielleicht venezianischste aller Bauwerke ist Fußgängerüberweg, Ladenstraße und Aussichtspunkt auf den Canal Grande in einem.

Ponte degli Scalzi ➡ D6
Canal Grande
Die Steinbrücke löste 1934 die für die größeren *vaporetti* zu niedrig gewordene Holzkonstruktion ab und ist wie die zweite moderne Brücke über den Canal Grande bei der Accademia ein Werk des Venezianers Eugenio Miozzi.

Der Name leitet sich vom gegenüberliegenden Konvent der Karmelitermönche, auch »Barfüßer« genannt, ab.

Ponte dei Sospiri ➡ G12
Riva degli Schiavoni – S. Marco
Die Seufzerbrücke, Ende des 16. Jh. von Antonio Contin erbaut, verbindet den Dogenpalast mit den Prigioni (Gefängnissen), deren bekanntester Gefangener wohl Giacomo Casanova war.

Ponte delle Tette ➡ E9
Über den Rio di S. Cassiano zwischen S. Polo und S. Croce
Kurioserweise hat sich im Namen der »Brücke der Brüste« die Erinnerung an die entblößten Busen der hier im 16. Jh. angesiedelten Prostituierten erhalten, die in den offenen Fenstern der Freudenhäuser um Kunden warben.

Portal dell' Arsenale ➡ G14
Campo dell'Arsenale – Castello
Das von Löwen und der personifizierten Gerechtigkeit bewachte Renaissanceportal (1460) markiert den Eingang zu Venedigs Werftkomplex, der größten vorindustriellen Fertigungsstätte. Das Gelände kann nicht besichtigt werden, es ist heute militärisches Sperrgebiet.

Scala Contarini del Bovolo
➡ G10
Corte dei Risi o del Bovolo – S. Marco 4299
✆ 041 271 90 12
www.scalabovolo.org
Mo–Fr 9–18, Sa 9–14 Uhr
Gotischer Palast, dessen Hausherr Pietro Contarini im Jahr 1499 beschloss, im Innenhof eine Wendeltreppe im Renaissance-Stil erbauen zu lassen.

Der Ponte dei Sospiri, die Seufzerbrücke, verbindet den Dogenpalast mit den Prigioni, dem Kerker der venezianischen Republik

Scuola di S. Giorgio degli Schiavoni (Scuola Dalmata) ➡ F13
Calle dei Furlani – Castello 3259/a
✆ 041 522 88 28, Mo 14.45–18, Di–Sa 9.15–13 und 14.45–18, So 9.15–13 Uhr, Eintritt € 4/2
Das Bruderschaftshaus der dalmatinischen See- und Kaufleute wurde zu Beginn des 16. Jh. durch Vittore Carpaccio im Stil der Frührenaissance mit Szenen aus dem Leben der Heiligen Georg, Tryphon und Hieronymus ausgemalt.

Ein »Narrenschiff« vor der Rialtobrücke

Scuola Grande di San Marco
➡ E12
An der Renaissancefassade (1485–95), hinter der sich heute das städtische Krankenhaus verbirgt, arbeiteten drei berühmte venezianische Künstler: Pietro und Tullio Lombardo sowie Mauro Coducci. Nur ein Saal im Erdgeschoss des Gebäudes kann noch besichtigt werden.

Scuola Grande di S. Maria dei Carmini ➡ G6
Calle della Scuola – Dorsoduro 2617
✆ 041 528 94 20
www.scuolagrandecarmini.it
Tägl. 11–16 Uhr
Eintritt € 5/4
Die nach Entwürfen Baldassare Longhenas erbaute Scuola zählt zu den sechs »Großen« unter den 35 venezianischen Schulen. Aus ihrer Blütezeit im 17./18. Jh. stammt das Gros der reichen Bilderausstattung. Sehenswert sind vor allem die Deckengemälde (1739–44) von Giambattista Tiepolo, die er zehn Jahre bevor er die Würzburger Residenz ausmalte, schuf.

7 Scuola Grande di S. Rocco
➡ F7
Salizada San Rocco
Santa Maria dei Frari – S. Polo 3054
✆ 041 523 48 64
www.scuolagrandesanrocco.it
Tägl. 9.30–17.30 Uhr
Eintritt € 8/6, Jugendliche bis 18 Jahre in Begleitung eines Elternteils frei
Das Gebäude stammt aus dem 16. Jh. Weltgeltung haben die etwa 60 Gemälde von Tintoretto aus der Zeit von 1564–88. Ein Verkündigungsengel, der mit MACH 3 in die Zimmermannswohnung einbiegt, und ein doppelstöckiger Stall von Bethlehem sind nicht die einzigen Überraschungen.

Teatro la Fenice ➡ G9/10
Campo S. Fantin – S. Marco
✆ 041 24 24 (Tickets, tägl. 9–18 Uhr)
www.teatrolafenice.it
Führungen tägl. 9.30–18 Uhr, € 12/7, mit Audioguide € 8,50/6
Im Januar 1996 brannte das älteste und berühmteste Theater Venedigs, von Antonio Selva 1792 erbaut, komplett aus. Das Teatro ist einer der traditionsreichsten Musiktempel der Welt, in dem viele Werke uraufgeführt wurden, u.a. Verdis »Rigoletto« und »La Traviata« sowie Rossinis »Tancredi«. Die Wiedereröffnung wurde im Dezember 2003 gefeiert. Außer den technischen Verbesserungen bezüglich Bühne und Sicherheit wurde alles originalgetreu nach dem Vorbild von 1792 wieder aufgebaut. ■

Venedigs ältestes und berühmtestes Theater, das Teatro la Fenice, von der Kanalseite aus gesehen

Gondoliere während einer Ruderpause

⑩ Venedigs Gondeln

Still und majestätisch gleiten sie durch die Kanäle und bescheren ihren Passagieren neben einer beträchtlichen Geldausgabe (40 Minuten Fahrt kosten 80 Euro, allerdings für bis zu sechs Personen) auch eine romantische Zeitreise: Venedigs Gondeln, die 2008 ihren 1000. Geburtstag feierten. Kaum etwas steht so symbolhaft für die Lagunenstadt wie die eleganten Holzboote und für viele macht erst eine Fahrt mit der Gondel die Venedig-Reise perfekt.

Auf vier Werften werden heute noch Gondeln gebaut. Optisch folgen sie dem Modell des 19. Jahrhunderts: asymmetrisch und ohne Dach, elf Meter lang, aus acht verschiedenen Holzsorten gebaut und sieben Mal schwarz lackiert. Diese Farbe ist seit dem 16. Jahrhundert charakteristisch für die Gondel. Damals begann der Adel zu schwächeln.

Damit Vermögensunterschiede nicht offen zu Tage traten, einigte man sich auf ein demokratisches Schwarz. Die *forcula* aus Nussholz, mit der die Gondel gelenkt wird, ist ihr Herzstück und wird heute noch in der Nähe der Rialtobrücke gefertigt. 800 Euro kostet eine *forcula*; eine ganze Gondel schlägt im Schnitt mit 30 000 bis 35 000 Euro zu Buche. Kommen aufwändige Blattgoldverzierungen hinzu, wird sie noch teurer.

Da die Gondeln heute in erster Linie dem Vergnügen der Besucher dienen, werden nur noch wenige hergestellt – in der Werft am Squero San Trovaso wird eine im Jahr gebaut; ansonsten werden hier nur Reparaturen vorgenommen. Drei bis vier Monate dauert es, bis eine Gondel in Handarbeit fertig gestellt ist. Nach zehn Jahren braucht sie in der Regel einen neuen Kiel, dann ist sie fit für zehn weitere Jahre auf den Wasserstraßen Venedigs. 425 sind dort heute unterwegs und werden von geprüften und lizenzierten Gondolieri gelenkt.

Wer die anspruchsvolle Prüfung nicht schafft, kann dennoch eine Privatgondel steuern, wie sie sich manche Hotels leisten – ebenso wie einige reiche venezianische Familien.

Übernachten: San Marco, Cannaregio und Castello, Dorsoduro und S. Croce, Giudecca, Lido, Sant' Erasmo

Venedig besitzt wunderschöne Paläste und rechte Bruchbuden (und viel dazwischen). In allen Kategorien ist das Preisniveau eher hoch – zumindest in der Hochsaison. Wer viel unternimmt, ist mit einer einfachen Unterkunft, die günstig liegt, womöglich gut bedient. Wer auch im Traum noch spüren möchte, dass dies Venedig ist, muss tiefer in die Tasche greifen, kann dafür aber schon beim Aufwachen im Palazzo auf den Canal Grande blinzeln.

Die Preisunterschiede zwischen Haupt- und Nebensaison sind erheblich; es lohnt sich, die Website des auserkorenen Hotels regelmäßig einzusehen und einen Aufenthalt im Herbst oder Winter in Erwägung zu ziehen. Venedig ist auch dann wunderschön und zudem deutlich weniger überlaufen.

Venedig ist eines der beliebtesten Ziele der Welt. Oberstes Gebot ist daher, rechtzeitig zu reservieren. Das offizielle Buchungszentrum der Hotelvereinigung Venedigs vermittelt Unterkünfte aller Preis- und Komfortstufen (✆ 041 522 22 64, www.veneziasi.it). Apartments kann man über das Fremdenverkehrsamt mieten.

Die folgenden Preiskategorien gelten für eine Übernachtung im Doppelzimmer.

€	– bis 100 Euro
€€	– 100 bis 180 Euro
€€€	– über 180 Euro

Einstiger Hausherr des Gritti Palace: der Doge Andrea Gritti (Gemälde von Vincenzo Catena)

San Marco

Gritti Palace Hotel ➡ H9
Campo Santa Maria del Giglio
✆ 041 296 12 22
Fax 041 296 11 00
www.thegrittipalace.com
Wenn es etwas Besonderes sein soll: Dieses Ehrenmitglied im Kreis venezianischer Hotel-Legenden befindet sich in den Mauern eines 1525 für den Dogen Andrea Gritti errichteten Palazzo und bietet neben allem erdenklichen Komfort ein Interieur, das einem Aristokraten würdig ist. Die 91 Zimmer und Suiten sind üppig mit Stoffen, Wandbehängen, goldverzierten Decken und Leuchtern aus Murano-Glas ausgestattet, das Restaurant »Club del Doge« ist exzellent. Nichtraucher, gratis WLAN. €€€

Luna Hotel Baglioni ➡ H11
San Marco 1243
✆ 041 528 98 40
Fax 041 528 71 60
www.baglionihotels.com

An der Rialtobrücke mit Blick auf den Canal Grande: das Hotel Rialto

Hier ist der Glanz des alten Venedigs noch lebendig. Prunkvoll und mit erstaunlichen Mengen an Stoff eingerichtete Zimmer und Suiten, exzellente Lage nahe Markusplatz und Lagune.
€€€

The Westin Europa & Regina
➡ H10
San Marco 2159
✆ 041 240 00 01
Fax 041 523 15 33
www. westineuropareginavenice.com
Die wunderschöne Aussicht auf den Canal Grande und die Lage gleich gegenüber der Kirche Santa Maria della Salute entschädigen für die exorbitanten Preise. Die Zimmer im historischen Gebäude-Ensemble verfügen über modernsten Komfort. Wer hier nicht wohnt, sollte zumindest auf einen Drink in der Bar »Tiepolo« vorbeischauen, um Lage, Flair und den unvergleichlichen Ausblick zu genießen.
€€€

Hotel Monaco & Grand Canal
➡ H10/11
San Marco 1332
✆ 041 520 02 11
Fax 041 520 05 01
www.hotelmonaco.it
Gleich gegenüber von »Harry's Bar« liegt dieses prachtvolle Luxushotel am Canal Grande. Der Palast aus dem 18. Jh. versprüht aus jedem seiner 100 Zimmer die Grandezza der Perle der Adria. Ausgezeichnetes Restaurant.
€€€

Starhotel Splendid Suisse
➡ G11
San Marco Mercerie 760
✆ 041 520 07 55, Fax 041 528 64 98
www.splendidvenicestarhotels.com
An romantischen Kanälen gelegen und in der Nähe von Markusplatz und Rialtobrücke liegt dieses schicke Hotel. Die 165 Zimmer sind bei aller Eleganz behaglich. Dafür sorgen warme Parkettböden und alle erdenklichen technischen Finessen. €€€

Hotel Concordia ➡ G11
Calle Larga San Marco 367
✆ 041 520 68 66
Fax 041 520 67 75
www.hotelconcordia.com
Als einziges Hotel mit Blick auf den Markusplatz besitzt dieses Hotel Sonderstatus. Mehr als 20 Zimmer bieten die privilegierte Aussicht, beim Frühstück auf der Dachterrasse genießen ihn alle Gäste.

Das inhabergeführte Hotel bietet auf der Website gelegentlich Schnäppchen. €€

Hotel Rialto ➡ F10
Riva del Ferro/Ponte di Rialto 5149
✆ 041 520 91 66
Fax 041 523 89 58
www.rialtohotel.com
Angenehmes Hotel in bester Lage direkt an der Rialtobrücke. 28 der 79 Zimmer bieten Blick auf den Canal Grande. €–€€

Locanda Fiorita ➡ G9
Campiello Novo – San Marco 3457
✆ 041 523 47 54
Fax 041 522 80 43
www.locandafiorita.com
Entzückendes kleines Hotel mit neun im Stil (und mit Möbeln) des 18. Jh. eingerichteten Zimmern. In der warmen Jahreszeit wird das Frühstück im Freien serviert. Weil das Haus so klein ist, muss man lange im Voraus buchen. €–€€

Hotel Centauro ➡ G10
Campo Manin 4297
✆ 041 522 58 32
Fax 041 523 91 51
www.hotelcentauro.com

In einem Palazzo aus dem 16. Jh. befindet sich dieses übersichtliche Hotel mit 30 in venezianischem Stil eingerichteten Zimmern. Einige haben allerdings kein eigenes Bad.

Gute Lage in der Nähe von Markusplatz und Rialtobrücke, freundliche Atmosphäre. €

Cannaregio und Castello

Hotel Giorgione ➡ D11
SS. Apostoli 4587 – Cannaregio
✆ 041 522 58 10
Fax 041 523 90 92
www.hotelgiorgione.com
In einem Palazzo aus dem 15. Jh. liegt dieses, mit 79 Zimmern noch recht familiäre Hotel mit schönem Innenhof in unmittelbarer Nachbarschaft zum Ca d'Oro. Die Zimmer sind geschmackvoll und mit viel Liebe zum Detail eingerichtet. Einige verfügen über (Dach)-terrassen. €€–€€€

Hotel Ca'Pozzo ➡ C7
Sottoportego Ca'Pozzo 1279 – Cannaregio
✆ 041 524 05 04, Fax 041 524 40 99
www.capozzoinn.com
Schickes, kleines Boutique-Hotel in guter Lage in Cannaregio. Manche der eleganten, in asiatisch-minimialistischem Stil eingerichteten Zimmer mit Balkon/Garten. Nichtraucher, gratis WLAN. €€

Hotel Castello ➡ G12
Campo SS. Filippo e Giacomo – Castello 4365
✆ 041 523 45 45
Fax 041 521 10 23
www.hotelcastello.it
Familiäre Atmosphäre, plüschig-venezianisch eingerichtete Zimmer, drahtloses Internet, nahe Markusplatz gelegen. €–€€

Dorsoduro und S. Croce

Pensione Accademia Villa Maravege ➡ H8
Fondamenta Bollani 1058 – Dorsoduro
✆ 041 521 01 88
Fax 041 523 91 52
www.pensioneaccademia.it.
In einem schönen historischen Gebäude in Dorsoduro liegt diese angenehm geführte Familien-

pension mit zwei Gärten und 27 individuell eingerichteten Zimmern. Hier muss man frühzeitig reservieren. €€–€€€

Hotel ai due Fanali ➡ D7
S. Croce 946
✆ 041 71 84 90, Fax 041 244 87 21
www.aiduefanali.com
Stilvoll eingerichtetes Haus, einige Zimmer mit Blick auf den Canal Grande. Das Frühstück wird auf einer Aussichtsterrasse serviert. €€–€€€

Albergo Marin ➡ E6
Ramo delle Chioverete – S. Croce 670/b
✆ 041 71 80 22, Fax 041 72 14 85
www.albergomarin.it
Einfaches, nettes Haus in gute Lage gleich beim Canal Grande. Die freundlichen Gastgeber vermitteln auch Apartments in der Stadt. €–€€

Giudecca, Lido, Sant' Erasmo

Hilton Hotel Molino Stucky ➡ J5
Giudecca 810
✆ 041 272 33 11
Fax 041 272 34 90
www.molinostuckyhilton.com
Direkt am Ufer der Insel Giudecca liegt das Hilton Hotel im restaurierten Gebäude einer im Jahr 1955 geschlossenen, historischen Getreidemühle mit angeschlossener Pasta-Fabrik. Das Hotel bietet einen Shuttle-Service über den Kanal und besitzt einen der raren Swimmingpools der Lagunenstadt. Die Dachterrasse bietet schöne Blicke über den Canale della Giudecca auf Venedig. €€€

Villa Mabapa ➡ dA8
Riviera San Nicolò 16 – Lido
✆ 041 526 05 90, Fax 041 526 94 41
www.villamabapa.com
Seit vier Generationen betreibt die Inhaberfamilie dieses geschmackvolle Hotel mit schattigem Garten auf dem Lido, das heute zu Best Western gehört. 300 Meter vom Strand entfernt, mit schönem Blick auf Venedig, ist es perfekt für alle, die abends Abstand von der Altstadt brauchen. Bar, Restaurant, drahtloses Internet. €€

Il Lato Azzurro ➡ aB5
Via Forti 13 – S. Erasmo
✆ 041 523 06 42, Fax 041 528 80 21
www.latoazzurro.it
Preiswert im Grünen wohnen – das geht auf Venedigs kleinster Gemüseinsel. 15 Zimmer, freundliche Atmosphäre, ideal für Familien. Halbpension möglich (auch für Vegetarier). € ■

Das Hilton Hotel Molino Stucky auf der Giudecca-Insel

Essen und Trinken: Restaurants, Cafés und Eisdielen

In Venedig lässt sich so wunderbar speisen wie überall in Italien. Wer Schildern mit der Aufschrift *Menu Turistico* aus dem Weg geht, hat die gefährlichste Klippe bereits umschifft. Bodenständige Gerichte in kleinen Trattorien, Osterien (eigentlich Weinlokale) oder auf Märkten können mindestens so gut schmecken wie Spezialitäten im Restaurant. Auch in Venedig gehört die Bar, die eigentlich ein Café ist, zum Alltag. Hier kehrt man ein für den schnellen *Caffè* (Espresso) zwischendurch und kann um die Mittagszeit auch ein *Panino* oder eine Portion Pasta bekommen. Achtung, an der Theke sind die Kaffee-Preise niedriger als am Tisch – an der Theke bestellen und dann Platz nehmen, ziemt sich also nicht.

Wer abends im Restaurant essen geht, bestellt in der Regel Vorspeise (*antipasto*), ersten Gang (*Primo Piatto*, hier dürfen Sie Pasta bestellen) sowie ein Hauptgericht (*Secondo Piatto*; Fisch oder Fleisch). Anschließend gibt es Dessert und *Caffè*. Im Restaurant wird pro Person stets ein *Coperto* (Gedeck) berechnet (€ 1–2). Übrigens: Cappuccino trinken die Einheimischen nur zum Frühstück oder am Vormittag, nicht aber nach einem üppigen Mahl.

Die bei den nachfolgenden Restaurants angegebenen Preiskategorien beziehen sich auf ein Menü ohne Getränke. Innerhalb der Unterkapitel wurde aufsteigend nach Preiskategorien sortiert.

€	–	untere Preisklasse (12 bis 20 Euro)
€€	–	mittlere Preisklasse (20 bis 30 Euro)
€€€	–	obere Preisklasse (über 30 Euro)
R	–	Reservierung notwendig

Restaurants

Cannaregio:

Enoteca Boldrin ➡ E11
Salizada S. Chianciano 4549
✆ 041 523 78 59
Mo–Sa 9–21, So 9–17 Uhr
Neben der Weinhandlung mit großem Angebot gibt es einen Stehimbiss der Luxusklasse, in dem schon Schriftstellerin Donna Leon

Speisen mit einem Logenplatz direkt am Canal Grande oder …

und Schauspielerin Sarah Jessica Parker gesehen wurden. €

Osteria Il Milion ➡ E11
Cannaregio 5841 – Corte Primo al Milion (nahe der Kirche S. Giovanni Crisostomo)
✆ 041 522 93 02, www.ilmilion.com
Tägl. außer Mi 11–14 und 18–22 Uhr, Aug. geschl.
Eine der ältesten Weinschenken in einem schönen Hof, wo das Haus der Familie von Marco Polo gestanden haben soll. Wenige Gerichte, große Weinauswahl, u.a. *cartizze* und *fragolino.* Gemütlich, angemessene Preise. €€

Trattoria all'Antica Mola ➡ B8
Cannaregio 2800 – Fondamento die Ormesini, Ghetto
✆ 041 71 74 92
Tägl. außer Mi 18–24 Uhr
Bodenständiges Lokal mit freundlichem Service, guter traditioneller Küche und guten Weinen. €–€€

Vini da Gigio ➡ C/D10
Cannaregio 3628a
✆ 041 528 51 40
www.vinidagigio.com
Mi–So 11.30–14 und 19–23 Uhr, 15. Jan.–6. Feb. geschl.
Eines der besten italienischen Restaurants in Bezug auf das Preis-Leistungs-Verhältnis. €€€ R

Castello:

Da Remigio ➡ G14
Castello 3416
✆ 041 523 00 89
Tägl. außer Di 13–15 und 19–23 Uhr, Mo abends und 20 Dez.–20. Jan. geschl.
Familienbetrieb, von Einheimischen frequentiertes Lokal, günstige Fischgerichte. €–€€ R

Osteria Al Mascaron ➡ F12
Castello 5225 – Calle Lunga S. Maria Formosa, ✆ 041 244 38 56
www.osteriamascaron.it
So und 21. Dez.–21.Jan. geschl.

... an einem verwunschenen Campo mitten im »Sestiere«

Tolles Ambiente dank Holzmöbeln und den mit Bildern zeitgenössischer Künstler gepflasterten Wänden. Zwanglose Atmosphäre und einfache, erstklassige Gerichte. €€

Alle Testiere ➡ F12
Castello 5801, in der Nähe der Calle del M. Nuovo
✆ 041 522 72 20
www.osterialletestiere.it
So/Mo, Juli/Aug. und 23. Dez.–15. Jan. geschl.
Ausgezeichnetes Fischrestaurant mit nur sechs Tischen. Deshalb unbedingt reservieren. Gehobene Preise. €€€ R

Hostaria Da Franz ➡ J17
Castello 3499 – Salizada San Antonin
✆ 041 522 08 61
www.hostariadafranz.com
Tägl. außer Di
Venezianische Küche mit österreichisch-böhmischem Einschlag und Fischgerichten auf gehobenem Niveau. Auch Angelina Jolie und Brad Pitt wurden hier schon bewirtet. €€€ R

Corte Sconta ➡ G14
Castello 3886 – Calle del Pestrin (nahe Campo Bandiera e Moro)

✆ 041 522 70 24
Di–Sa 12.30–14 und 19.15–22 Uhr, Anfang Jan.–Anfang Feb. und Mitte Juli–Mitte Aug. geschl.
Die kleine Trattoria liegt versteckt zwischen der Kirche St. Martin und dem Eingang zum Arsenale-Gelände. Himmlische Meeresfrüchte-Küche abseits des Touristenstroms. Und wer einmal die *baccala mantecato* (Dorsch auf Polenta) probiert hat, kommt wieder. €€€ R

Dorsoduro:

Ai Sportivi ➡ G7
Campo Santa Margherita 3052
✆ 041 521 15 98
Die vermutlich größte (und leckerste) Pizza der Stadt zu sehr moderaten Preisen. Auch die Pastagerichte sind zu empfehlen. €

Da Gianni ➡ J7
Cannaregio 4377 – Zattere ai Gesuiti, ✆ 041 523 72 10
Do–Di 10–22.30 Uhr, Mi geschl.
Pasta und Pizza in großer Auswahl. €

Enoteca Il Cantinone già Schiavi ➡ J7
Dorsoduro 992 – Fondamenta Maravegiei, ✆ 041 523 00 34
Mo–Sa 8.30–21.30 Uhr
Leckerste Crostini, dazu ein Gläschen Wein in oder vor einer der schönsten *bacaros* von Venedig. €

Ai Gondolieri ➡ J/K9
Dorsoduro 366, ✆ 041 528 63 96
www.aigondolieri.com, Di geschl.
Gemütliches Restaurant, Spezialitäten aus der Region. Im Keller lagern 250 verschiedene Weine, alle italienisch. Reservieren! €€ R

Locanda da Montin ➡ H7
Dorsoduro 1147 – Fondamenta delle Eremite, ✆ 041 522 71 51
www.locandamontin.com
Im Sommer Di/Mi geschl.
Gepflegtes Lokal mit schattigem Garten. Und Brad Pitt soll auch schon da gewesen sein – neben Robert de Niro, Mick Jagger, Paloma Picasso, David Bowie und anderen. €€

La Giudecca:

All'Altanella ➡ L8
La Giudecca 268 – Calle delle Erbe
✆ 041 522 77 80
Mo/Di, Jan. und Mitte Aug. geschl.
Trattoria mit traditionellen venezianischen Gerichten; dazu kann man den schönen Ausblick (in der Ferne San Marco) und die Terrasse am Kanal genießen. €€€

Santa Croce:

Pizzeria Ae Oche ➡ E8
S. Croce 1552 – Campo di S. Giacomo dell' Orio, ✆ 041 524 11 61
www.aeoche.com, tägl. 12–24 Uhr
Studententreff mit Riesenpizzen in großer Auswahl. €

Alba Nova ➡ D7
Lista Vecchia dei Bari 1252
✆ 041 524 13 53
www.osteriaalbanova.it, Mo–Sa 12–15 und 19–22.30, So 19–22.30
Maria kocht tagesfrisch, alles vom nahen Markt. Für Kinder gibt es halbe Portionen. €

La Zucca ➡ D8
S. Croce 1762 (beim Campo S. Giovanni Decollato)
✆ 041 524 15 70, www.lazucca.it
Mo–Sa 12.30–14.30 und 19–22.30 Uhr, So und 1. Augustwoche geschl.
Gute Küche, maßvolle Preise. Paradies für Vegetarier. €€ R

San Marco:

Vino vino ➡ G/H10
S. Marco 2007/A – Ponte delle Veste, ✆ 041 241 76 88
www.vinovinowinebar.com
Tägl. 11.30–23.30 Uhr
Bar mit italienischen und französischen Weinen und regionalen Gerichten zu sehr zivilen Preisen. €–€€

Chat qui rit ➡ G10
S. Marco 1131 – Calle Tron (nahe Bacino Orseolo), ✆ 041 522 90 86
www.chatquirit.it, Sa geschl.
Self-Service mit gutem, günstigen Essen. Auch Einheimische. €

Bistrot de Venise ➡ G10
Calle dei Fabbri 4685 (gegenüber Bonvecchiati Palace)
✆ 041 523 66 51
www.bistrotdevenise.com
Klassisch venezianische Küche, modern interpretiert, Schwerpunkt auf Fisch und Meeresfrüchten. €€

Trattoria Do Forni ➡ G11
Calle dei Specchieri 468
✆ 041 523 21 48
www.doforni.it, tägl. geöffnet
Sehr gute, traditionelle venezianische Küche; bei Einheimischen beliebt. Auch Promis werden gelegentlich gesehen. €€–€€€ R

La Colomba ➡ G10
Piscina di Frezzaria 1665
✆ 041 522 11 75
Bekanntes Lokal für gehobene Ansprüche, fein und teuer. €€€

Antico Martini ➡ G/H10
Campo Teatro Fenice 2007
✆ 041 522 41 21
www.anticomartini.com
Tägl. 10–24 Uhr
Venedigs Gourmet-Tempel. Auf der Karte stehen auch glutenfreie Gerichte. Hervorragendes Essen, aber auch sehr teuer. €€€

Harry's Bar ➡ H11
Calle Vallaresso 1323
✆ 041 528 57 77
www.harrysbarvenezia.com
Tägl. 10.30–23 Uhr
An der Bar befindet man sich in geistiger Gesellschaft von Truman Capote, Orson Welles, Peggy Guggenheim, Charlie Chaplin und anderen namhaften Barflies; Hemingway unterhielt hier im Winter 1949 einen Stammtisch. Die Preise sind sündhaft. €€€ R

Die venezianische Küche wird von Meeresfrüchten beherrscht

La Caravella ➡ H10
Via XXII Marzo 2399
✆ 041 520 89 01
www.restaurantlacaravella.com
Tägl. geöffnet
Traditionelles, mit Schiffszubehör dekoriertes Hummer- und Krebslokal. €€€ R

San Polo:

Trattoria Antiche Carampane ➡ E9
S. Polo 1911, ✆ 041 524 01 65
www.antichecarampane.com
Mo und So geschl.
Traditionelles venezianisches Restaurant gleich neben der Ponte delle Tette. Köstlich sind die Spaghetti mit Krebsfleisch. €€

Cantina do Mori ➡ E10
S. Polo 429, ✆ 041 522 54 01
Mo–Sa 8.30–20.30 Uhr
400-jährige Stehkneipe am Rialto mit 600 Weinen, davon 100 offene, in der sich vom Arbeiter bis zum Snob alles drängt. €€

Al Paradiso ➡ F10
S. Polo 767 – Calle del Paradiso
✆ 041 523 49 10, tägl. außer Mo 12–15 und 19–22.30 Uhr
Kleines, feines Restaurant mit Außenplätzen. Der Chef bedient selbst, die Speisen sind frisch zubereitet, ein Highlight sind die Jakobsmuscheln *(cape sante)*. €€€ R

Antica Trattoria Poste Vecie
➡ E10
S. Polo 16020 – Rialto Pescheria
✆ 041 72 18 22
www.postevecie.it, Di geschl.
Frische Fischgerichte vom nahen Markt werden in der ältesten Trattoria der Stadt in gediegenem Rahmen serviert. €€€

Da Fiore ➡ E8
S. Polo 2202 – Calle del Scaleter
✆ 041 72 13 08
www.dafiore.net, So/Mo geschl., abends unbedingt vorbestellen
Gourmet-Lokal mit erlesenen Weinen, aufmerksamem Service und vorzüglicher Küche, mit der sich Chefin Mara Martin einen Michelin-Stern erkocht hat. €€€ R

Cafés und Eisdielen

Bar Tiepolo
Im Westin Hotel Europa & Regina
San Marco 2159, ✆ 041 240 00 01
www.westineuropareginavenice.com, tägl. 10.30–1 Uhr
Auch wenn man hier nicht übernachtet, ist die Bar im Erdgeschoss einen Besuch wert. Von der Terrasse am Wasser kann man den Blick über den Canal Grande auf Santa Maria della Salute oder den Sonnenuntergang genießen.

Pasticceria Bucintoro ➡ E8
S. Polo 2229 – Calle del Scaleter
✆ 041 72 15 03
Mo nachmittags geschl.
Donna Leon lässt ihren Kommissar Brunetti in dieses kleine Café einkehren. Wenn man nicht gerade an einem heißen Tag in Venedig ist, verleiht einem die heiße Schokolade, die man nur löffeln, nicht aber trinken kann, Kraft für mindestens fünf weitere Kirchen.

Da Nico ➡ J7
Zattere ai Gesuiti 922 – Dorsoduro
✆ 041 522 52 93
www.gelaterianico.com
Vielgeliebte Eisdiele.

Harry's Dolci ➡ K6
La Giudecca 773 – Fondamenta S. Biagio (am Canale della Giudecca)
✆ 041 522 48 44, www.cipriani.com
Der »süße Cipriani«. Im Sommer wird am Kanal Giudecca serviert.

Caffè Florian ➡ G11
Piazza S. Marco 56/59 – S. Marco
✆ 041 520 56 41
www.caffeflorian.com
Im Sommer tägl. 10–24, im Winter Mi–Mo 10–23 Uhr
Das Traditionscafé (seit 1720) ist immer einen Besuch wert. Findet ein Konzert statt, werden € 5–6 pro Person als Obolus erhoben.

Gelateria Paolin ➡ G9
Campo S. Stefano 2962 – S. Marco
✆ 041 522 55 76
Vorzügliches Eis.

Caffè Florian: das Traditionscafé am Markusplatz

Nightlife: Bars, Clubs, Livemusik, Casino

Menschenleere Gassen und immer wieder neue Ausblicke: Venedig bei Nacht

Ernsthaftes Nachtleben gibt es in Venedig nicht – oder höchstens in Ansätzen. Vor allem Clubs vertragen sich wegen der Lärmentwicklung nicht mit der räumlichen Enge der Lagunenstadt. Die Jugend der Stadt verbringt den Samstagabend daher gern auf dem Festland. Venedig selbst ist eine stille Stadt, und am besten genießt man den frühen Abend auf einem der Campos, zum Beispiel auf dem wunderschönen ❶ **Campo di S. Margherita** ➡ G6/7, in einem der Pubs oder auf einer der Bänke mit einem Gläschen Wein oder Prosecco und einem Tellerchen *cicheti*. Auch ein Abend in einem der Cafés am Markusplatz kann dank stimmungsvoller Konzerte und des geradezu unwirklichen Panoramas sehr romantisch sein.

Trotz der relativen Ruhe am Abend herrscht an schicken Bars (vor allem in den großen Hotels) und hervorragenden Restaurants natürlich kein Mangel, und auch Clubs sind nicht völlig unbekannt. Doch typisch adriatisches Nachtleben mit wummernden Discos und lebhafter Party-Szene nach dem Zuschnitt der Badeorte an der Küste findet man in Venedig nicht. Und: Sonntags sind fast alle Bars geschlossen.

Bars

Ai Postali ➡ E7
Fondamenta Rio Marin 821 – S. Croce
✆ 041 71 51 56
Mo–Sa 19.30–2 Uhr, So und Aug. geschl.
Auch bei Einheimischen beliebte, gleich am Kanal gelegene Weinbar; aus den Lautsprechern perlt Jazz.

Bacaro Lounge ➡ H10
Salizada San Moisè 1348 – S. Marco
✆ 041 296 06 87
Mo–Sa 11–2 Uhr
Im Parterre kann man Cocktails schlürfen und oben wird gespeist (€€€). Beides geschieht in einem postmodernen und ausgesprochen trendigen Ambiente. Früher war dies ein Kino, heute gehört der gesamte Komplex der Familie Benetton.

Bar Dandolo ➡ G12
Castello 4196, am Riva degli Schiavoni
✆ 041 522 64 80

Das Richtige für den Ausgeh-Abend im kleinen Schwarzen. Beim Tee oder Kaffee für € 5 kann man ewig in der Bar des Hotels Danieli sitzen und die Atmosphäre in einem ehemaligen Dogenpalast bei dezentem Klavierspiel (19–21 und ab 22 Uhr) genießen. Die Drinks sind entsprechend teuer.

Devil's Forest Pub ➡ F10/11
S. Marco 5185 – Calle dei Stagneri
✆ 041 520 06 23
www.devilsforest.com
Tägl. 11–1 Uhr
Hier kehren auch Venezianer gern ein und treffen sich bei Backgammon, Schach oder zum kleinen Lunch.

Enoteca Al Volto ➡ F10
Calle Cavalli 4081 – S. Marco
✆ 041 522 89 45
www.alvoltoenoteca.it
Tägl. 17–22.30 Uhr
Eine der ältesten Weinbars der Stadt in der Nähe der Rialtobrücke mit einer Riesenauswahl (mehr als 1000) an Erzeugnissen.

Harry's Bar ➡ H11
Calle Vallaresso 1323 – S. Marco
✆ 041 528 57 77
www.harrysbarvenezia.com
Wenn Sie bis jetzt noch immer keinen Bellini getrunken haben, ist es nun höchste Zeit!

Martini Scala ➡ G10
Campo San Fantin 1983 – S. Marco
✆ 041 522 41 21
Mo–Sa 22–3.30 Uhr
Elegante Piano-Bar, die vom benachbarten Restaurant Antico Martini kulinarisch versorgt wird – bis 2 Uhr nachts. Regelmäßig Livemusik.

Orange Restaurant & Champagner Lounge ➡ G7
Campo di Santa Margherita 3054 – Dorsoduro
✆ 041 523 47 40
www.orangebar.it
Mo–Sa 7–2 Uhr
Futuristisch wirkende Lounge-Bar. Am Wochenende wird auf der Dachterrasse getanzt.

Skyline Rooftop Bar
Im Hilton Hotel Molino Stucky
Giudecca 810
✆ 041 272 33 11
www.molinostuckyhilton.de
Von der Bar auf der Dachterrasse des Hotels eröffnet sich einem ein fantastischer Blick über den Canale della Guidecca und Venedigs Altstadt.

Clubs und Livemusik

Piccolo Mondo ➡ H8
Calle Contarini-Corfu 1056 – Dorsoduro, nahe der Accademia
✆ 041 520 03 71
www.piccolomondo.biz
23–5 Uhr, Eintritt € 7,50
Wenn es doch eine Disco sein soll: Hier laufen die aktuellen Dancehits aus den USA und House-Music für unterschiedliche Altersgruppen; die Tanzfläche ist klein, die Stimmung riesig.

Paradiso Perduto ➡ C9
Cannaregio 2540 – Fondamente della Misericordia
✆ 041 72 05 81, Do–Mo 18–2 Uhr
Das »verlorene Paradies« ist ein Klassiker im nächtlichen Venedig. Regelmäßig Livejazz.

Casino

Casinò Municipale ➡ D8
Palazzo Vendramin Calergi – Cannaregio 2040
✆ 041 529 71 11
www.casinovenezia.it
Tägl. außer 24./25. Dez.
Wenn Ihnen der Sinn nach Spielen steht, sind Sie hier richtig. Wo Richard Wagner einstmals den »Parsival« komponierte, klackern heute die Jetons. ■

Kultur und Unterhaltung: Oper, Theater, Ballett, Konzert

An Hochkultur herrscht in Venedig natürlich kein Mangel. Für den Abend gibt es eine reiche Auswahl an Konzerten und Opern. Im zweimonatlich erscheinenden *Eventi Manifestazioni* sind alle einschlägigen Veranstaltungen aufgelistet (kostenlos erhältlich bei jedem Tourist Office).

Im Opernhaus La Fenice bleibt einem, noch bevor das Orchester beginnt, fast der Atem weg angesichts all der Goldpracht. Besser noch: Die Qualität der Inszenierungen steht dieser traumhaften Kulisse in nichts nach. Doch auch abseits dieser weltbekannten Opernbühne gibt es am Abend eine Menge zu entdecken: kleine Theater- und Konzertbühnen ebenso wie sommerliche Festivals und Festspiele.

Oper, Theater, Ballett

Palazzo Barbarigo-Minotto ➡ H9
Fondamenta Duodo o Barbarigo, am Canal Grande
✆ 340 971 72 72
www.musicapalazzo.com
Tägl. 20.30, Einlass 20 Uhr
Zum Besuch der Aufführungen ist eine Mitgliedschaft im Kultur-Club »Musica a Palazzo« erforderlich, die € 60 kostet. Weitere Kosten für Karten fallen nicht an. Unbedingt (maximal 3 Monate im Voraus) telefonisch reservieren.
Die wohl kleinste und feinste Opernbühne der Welt. In den historischen Räumen am Canal Grande lassen engagierte Musiker (drei Streicher und ein Pianist) und Sänger erfolgreich die Tradition der Salonoper aufleben. Das künstlerische Niveau ihrer »La Traviata« steht dem im benachbarten Opernhaus La Fenice nicht nach und das intime Setting im historischen Palazzo (mit Deckengemälden von Tiepolo!) schafft eine einzigartige Atmosphäre. Außer Verdis »La Traviata« ste-

Gold verzierte Stuckaturen und eine himmelblaue Kuppel über dem Zuschauerraum des Teatro la Fenice

hen auch Rossinis »Barbier von Sevilla« sowie Liebesduette aus italienischen und französischen Opern auf dem Programm.

Teatro Goldoni ➡ F10
S. Marco 4650 – Calle del Teatro
✆ 041 240 20 14
www.teatrostabileveneto.it
Tickets Mo–Fr 9–13 und 15–17 Uhr
Klassisches Repertoire; trotz des Namens ist das Theater nicht nur auf Goldoni-Stücke festgelegt.

Teatro la Fenice ➡ G9/10
Campo San Fantin 1965 – Calle della Fenice
✆ 041 78 65 11
Infotelefon ✆ 041 24 24 (ital., engl.)
Fax 041 272 26 73
www.teatrolafenice.it
Das berühmte Teatro la Fenice ist 1996 einem Feuer zum Opfer gefallen. Die Wiedereröffnung der rekonstruierten Traditionsspielstätte wurde im Dezember 2003 gefeiert, nachdem sich die Bauarbeiten wegen der Entdeckung römischer Artefakte unter dem Gebäudefundament immer wieder verzögert hatten. Die Aufführungen finden seitdem wieder im stimmungsvollen Rahmen dieses Opernhauses statt.

Teatro Malibran ➡ E11
Cannaregio 5873 – S. Giovanni Grisostomo
✆ 041 78 65 11
Tickets und Infos ✆ 041 24 24
www.teatrolafenice.it
Abendkasse eine Stunde vor Vorstellungsbeginn
Das älteste Theater in Venedig und ehemals eines der größten und prächtigsten Theater Europas ist von außen eher unscheinbar und leicht zu übersehen. Im Jahr 2001 wurde das Haus aufwändig renoviert. Heute finden hier in Kooperation mit dem Teatro la Fenice Opern-, Ballett- und Konzertabende statt.

Konzert

Collegium Ducale
✆ 041 98 81 55
www.collegiumducale.com
Karten € 25/20
Ein kleines Ensemble von Musikern aus den besten Orchestern des Veneto findet sich regelmäßig als »Collegium Ducale Orchester Venedig« zusammen, um an zwei Spielorten (der Kirche Santa Maria Formosa ➡ F12 und dem Palazzo delle Prigioni ➡ G12) Werke vom Barock bis zum 20. Jh. zu spielen.

Virtuosi di Venezia ➡ G11
Ateneo di San Basso, Piazza San Marco
✆ 041 528 28 25
www.virtuosidivenezia.com
Karten € 25/20
Das Kammermusikorchester San Marco will die exakten Bedingungen heraufbeschwören, unter denen der 1678 in Venedig geborene Komponist und Geiger Antonio Vivaldi arbeitete – und seine Werke so mit größtmöglicher Authentizität spielen. Auf dem Spielplan stehen aber außer Vivaldi auch Komponisten wie Verdi, Mozart und Puccini. Spielort ist die Kirche Ateneo di San Basso am Markusplatz, die dieselben Dimensionen besitzt wie die Konzerthalle, in der Vivaldi komponierte.

Musici Veneziani ➡ F10
Campo San Salvador – S. Marco
✆ 041 521 02 94
www.imusiciveneziani.com
Karten € 25–35/20–30
Die Musiker spielen in der Scuola Grande di San Teodoro in Kostümen des 18. Jh.

Chiesa Di San Giacomo de Rialto (San Giacometto) ➡ E10
Gaetano Callido 1727, Nähe Rialto
✆ 041 426 65 59 (Tickets)
Fax 041 562 50 55

www.ensembleantoniovivaldi.com
Ticket € 25/20
Das Ensemble Antonio Vivaldi führt in der ältesten Kirche der Stadt nahe der Rialtobrücke nicht nur die »Vier Jahreszeiten«, sondern auch Mozart und Händel auf.

Teatro Verde ➡ K13
San Giorgio Maggiore
Freilichtveranstaltungen. ■

Die Masken und der Karneval

Ihre Blütezeit erlebte die Maske im 18. Jahrhundert, als viele Venezianer sie überhaupt nicht mehr abnahmen. Am zweiten Weihnachtstag begann der Karneval. Zur Fastenzeit wurde eine Pause eingelegt, dann ging es zurück zu Bällen, in die Oper und an den Spieltisch, bis der Winter anbrach. In den Zeiten des Niedergangs der Handelsmacht, als Seide und Gewürze längst schon anderswo zu haben waren, bot die Maskierung eben auch psychologische Stütze. Manches Mitglied eines verarmten Adelshauses wollte angesichts der fortdauernden Krise nur noch eines: sich verstecken. Praktisch war die Maskerade außerdem, erlaubte sie doch, sich unerkannt von Gläubigern durch die Stadt zu bewegen. Nur am Roulettetisch war sie verboten – damit sich niemand Kredit verschaffte, dessen Vermögen längst verspielt war. Als die Republik 1797 endgültig zusammenbrach, war die Party vorbei. Erst 1979 wurde der Karneval in Venedig wiedergeboren. Ein Theaterschaffender hatte die Idee, in der Lagune vor dem Markusplatz Stücke zu inszenieren; die Besucher sollten maskiert erscheinen. Seither ziehen die Venezianer wieder in voller Kostümierung auf den Markusplatz. Allerdings haftet dem Karneval in Venedig nichts von wüster Ausschweifung an; die prachtvollen historischen Kostüme und die Atmosphäre des winterlichen Venedigs verleihen ihm vielmehr eine Aura des Erhabenen.

Farbenprächtig: die Kostüme zum Carnevale di Venezia

Shopping: Einkaufsstraßen, Kulinarisches, Mode und Accessoires, Buchhandlungen, Galerien und Kunsthandwerk, Souvenirs und Geschenke

Venedig verfügt als riesiges Tourismuszentrum auch über eine Menge Nepp und billigen Kitsch. Zugleich gibt es aber ein verführerisches Angebot an echtem Einzelhandel, traditionellem Kunsthandwerk sowie glamourösen und hochwertigen Marken. Lassen Sie also genug Platz im Koffer für die Shopping-Ausbeute. Und machen Sie einen Bogen um die fliegenden Händler, die garantiert falsche Marken-Handtaschen und –Sonnenbrillen anbieten. Auf Marken-Piraterie stehen in Italien auch für den Käufer empfindliche Strafen.

In der Regel sind die Geschäfte an Werktagen von 9–12.30 und von 15.30–19.30 Uhr geöffnet, montagvormittags aber geschlossen. Lebensmittelgeschäfte sind mittwochnachmittags geschlossen.

Einkaufsstraßen

Wer es gewohnt ist, sich auf der Kö, dem Ku'damm oder der Maximilianstraße einzukleiden, der findet in Venedig die adäquaten Adressen in der Gegend um die **Piazza San Marco** ➡ G11. Hier haben sich die teuersten und nobelsten Geschäfte der Stadt niedergelassen. In den Arkaden der Piazza residieren die berühmtesten Juweliere und die exklusivsten Glas- und Spitzenhersteller.

Das Zentrum der Couture durchmisst der Neugierige in der **Salizada S. Moisè** ➡ H10, der **Calle Larga 22 Marzo**, der **Calle Vallaresso** und den **Frezzerie** ➡ G10. Hier finden sich Boutiquen der italienischen und besonders der venezianischen Modezare, luxuriöse Schuhgeschäfte, raffinierte Wäscheläden und hochkarätige Antiquariate.

Günstiger und demnach reich im Angebot sind die **Mercerie** ➡ G/F10/11 zwischen Markusplatz und Rialto. Junge Leute schätzen die Boutiquen in der **Mercerie Via 2 Aprile** ➡ F10 und weiter in der **Salizada S. Giovanni Crisostomo** ➡ E11.

Zuweilen überraschend schicke und günstige Angebote bietet die Straßenfolge, die von der **Strada Nova** ➡ D/E9/10 zum Bahnhof führt. Hier gibt es auch Lebensmit-

Um die Piazza San Marco findet man die teuersten und nobelsten Geschäfte der Stadt

Modegalerie am Campo San Vidal

tel – vor allem Teigwaren mit einer enormen Auswahl an Aromen.

Das Kunsthandwerk ist auf die Sestieri verteilt. Reizvolle kleine Spezialgeschäfte und vollgestopfte Werkstätten mit zuweilen unüblichen Artikeln liegen in den Gassen zwischen dem **Campo di S. Polo** ➡ F8/9 und dem **Campo S. Barnaba** ➡ H7 parallel zum Canal Grande sowie in der Gegend um den Campo S. Samuele ➡ G8 (S. Barnaba gegenüber).

Kulinarisches

Casa del Parmigiano ➡ E10
San Polo 214/215 – Erberia Rialto
✆ 041 520 65 25
www.aliani-casadelparmigiano.it
Mo–Mi 8–13.30, Do–Sa 8–19.30 Uhr
Köstlicher Käse, der reisefertig verpackt wird, und viele andere schöne Mitbringsel vom Olivenöl bis zu hervorragenden Weinen kann man hier kaufen.

Colussi »Il Fornaio« ➡ F10
S. Marco 4579 – Calle S. Luca
✆ 041 522 26 59
www.colussilafocaccia.com
Originelle Bäckerei, Nudelsorten aus ganz Italien.

Rosa Salva ➡ G11
S. Marco 950 – Ponte Ferai
✆ 041 521 05 44
www.rosasalva.it
Mo–Sa 8–20 Uhr
Phantastische Pasticceria: Kuchen, Marmeladen, *Cantucci*, Pastasoßen.

Pastificio Giacomo Rizzo ➡ E11
Cannaregio 5778 – Salizada S. Chianciano
✆ 041 522 28 24
Pasta und Backwaren in ungewöhnlichen Formen und Farben. Geschenkkörbe gefüllt mit lokalen Delikatessen.

Mode und Accessoires

Kostümatelier Nicolao ➡ C9
Cannaregio 2590 – Fondamenta della Misericordia
✆ 041 520 70 51
www.nicolao.com
Wenn Sie zum Karneval in Venedig sind, finden Sie bei diesem bekannten Kostümdesigner garantiert die richtige Robe.

JB Guanti ➡ F10
San Marco 4821 – Calle del Lovo
✆ 041 522 86 33
www.jbgloves.com

Mo–Sa 10–19.30, So 10.30–19 Uhr
Schöne Lederhandschuhe in allen Farben; moderate Preise.

Giovanna Zanella ➡ F11
Castello 5641 – Calle Carminati, Ecke Sal. San Lio
✆ 041 523 55 00
www.giovannazanella.it
Mo–Sa 9.30–13 und 15–19 Uhr
Handgemachte Schuhe aus Venedig – hier sind sie zu bekommen. Giovanna Zanella lernte bei Venedigs altem Schuhmachermeister Rolando Segalin; bei ihr kaufen Emma Thompson und Donna Leon.

Tragicomica ➡ F8
S. Polo 2800 – Calle dei Nomboli
✆ 041 72 11 02
www.tragicomica.it
Mo–Sa 10–19 Uhr
Masken- und Kostümgeschäft und -verleih, veranstaltet auch Workshops.

Buchhandlungen

Editrice Franco Filippi ➡ F11
S. Marco 5284 – Calle Casselleria
✆ 041 523 69 16
www.filippilibreriaeditrice.com
Der charmante Buchladen ist angeschlossen an einen bekannten Verlag Venedigs und verkauft Bücher und Postkarten zu Geschichte und Traditionen der Volksfeste.

Libreria Goldoni ➡ F10
S. Marco 4742/3 – Calle dei Fabri
✆ 041 522 23 84
www.libreriagoldoni.com
Hervorragend sortierte Buchhandlung.

Linea d'Acqua ➡ G9/10
S. Marco 3717d – Calle della Mandola
✆ 041 522 40 30
www.lineadacqua.it
Wunderbares Antiquariat.

Galerien und Kunsthandwerk

Fabrik Fortuny ➡ J6
Giudecca 805
✆ 041 528 76 97
www.fortuny.com
Unmittelbar am Kanal Giudecca liegt die Fabrik, in der unter Geheimhaltung aller Fertigungstechniken die legendären, von Hand gearbeiteten Stoffe des spanischen Allround-Künstlers Mariano Fortuny hergestellt werden. Deko-Stoffe für Möbel, Kissen und Wände werden bei einem Meterpreis von € 360 schnell teuer, es gibt aber auch schöne stoffbezogene Kalender und Notizbücher. Nach Voranmeldung können Garten und Showroom besichtigt werden.

Bac Art Studio ➡ J8
Atelier: Dorsoduro 862 – Campo San Vio
✆ 041 241 27 16, www.bacart.com
Radierungen und Aquarelle von jungen Künstlern.

Livio de Marchi ➡ G8
Salizada S. Samuele 3157a – S. Marco
✆ 041 528 56 94
www.liviodemarchi.com
Holzschnitzer, der aus dem Material vom BH auf der Leine bis zum 2CV alles fabriziert. Sehr sehenswert.

Brandolisio Paolo ➡ G12
Castello 4725 – Corte Rotta (am Fuß der Brücke über den Rio di S. Provolo rechts)
✆ 041 522 41 55
www.paolobrandolisio.altervista.org
Hier werden *forcole* verkauft, Ruderauflagen, die als selbstständige künstlerische Form zu museumswürdigen Sammelobjekten geworden sind (mind. € 400/Stück).

Souvenirs und Geschenke

Il Papiro ➡ H9
San Marco 2764 – Calle del Piovan
✆ 041 522 30 55
www.ilpapirofirenze.it
Prachtvolle Papierwaren – Kalender, Tagebücher, Briefpapier, Familienstammbäume und vieles mehr – sind in insgesamt drei Filialen in Venedig zu kaufen.

Il Canovaccio ➡ F11
Castello 5369/70 – Calle delle Bande
✆ 041 521 03 93
www.ilcanovaccio.com
Prachtvolle Masken – für den Karneval oder die heimische Wand.

Alberto Valese ➡ G9
S. Marco 3471 – Campo S. Stefano
✆ 041 523 88 30
Werkstatt: San Marco – Salizada S. Samuele 3331 ➡ G8
www.albertovalese-ebru.it
Papierobjekte in Marmoriertechnik bemalt.

Antica Legatoria Piazzesi ➡ H9
S. Marco 2511c – Campiello della Feltrina
✆ 041 522 12 02
www.legatoriapiazzesi.it
Alte Buchbinderei, berühmt für Marmorpapier und Kalender.

Frette ➡ H10
Calle Larga 22 Marzo 2070 – S. Marco
✆ 041 522 49 14
www.frette.com
Edle Tisch- und Bettwäsche sowie Handtücher.

Il Merletto ➡ G11
S. Marco 95 – Sotoportego del Cavalletto, Piazza San Marco
✆ 041 520 84 06
Hier gibt es die seltenen, originalen Spitzenborten aus Burano.

Jesurum ➡ E12
S. Marco 2401 – Calle Larga 22

Klassische Maske des Carnevale di Venezia

Marzo
✆ 041 523 89 69
www.jesurum.it
Seit 1870 werden hier die seltenen, sehr kostbaren venezianischen Spitzen und andere »Traumstoffe« verkauft.

Norelene ➡ J8/9
Dorsoduro 727 –
Calle della Chiesa
✆ 041 523 76 05
Stoffe mit Mustern nach byzantinischen Mosaiken.

Rigattieri ➡ G9
S. Marco 3532–3536 – Calle dei Frati
✆ 041 523 10 81
www.rigattieri-venice.it
Keramik, Fayence und Porzellan vom Feinsten.

David's Shop ➡ B8
Campo del Ghetto Nuovo 2895 – Cannaregio
✆ 041 275 04 18
www.davidshop.com
Sa geschl.
In David's Shop gibt es Judaica und hübsche Kleinigkeiten aus Murano-Glas.

Bruno Amadi ➡ F8
S. Polo 2747 – Calle dei Saoneri
✆ 041 523 80 89
Der Künstler stellt winzige Glasobjekte her – ideale Mitbringsel für zu Hause. ■

Mit Kindern in der Stadt

Für Kinder ab dem Grundschulalter ist Venedig ein Traum, nirgendwo Autos, überall Fußgängerzone, schmale geheimnisvolle Gassen, stille Innenhöfe und weite marmorgepflasterte Plätze sind Paradiese zum Entdecken, Verstecken und Toben (Ball, Springseil, Murmeln einpacken). Wird einem der Weg zu lang, steigt man ins nächste Vaporetto, ist es zu heiß, verspricht der Badestrand am Lido Erfrischung. Der Ausflug zum **Lido** lohnt allein schon wegen der Fahrt im doppelstöckigen *Motonavi*. Dort angekommen, gibt es für kleine und große Biker eine wunderschöne Tour (12 km) am Strand entlang bis zum Fort Nicolo.

Auch in der Lagunenstadt gibt es Spannendes zu entdecken. Einen guten Überblick gewinnt man, wenn man sich auf Stadtrundfahrt mit dem Vaparetto begibt, etwa mit der Linie 82 zum Markusplatz. Die Lage der Stadt im Wasser selbst ist ein Faszinosum, das man auskosten sollte. Allein, dass Boote die Autos ersetzen und alltägliche Erscheinungen wie Polizei und Müllabfuhr hier eben nicht auf Rädern unterwegs sind, fasziniert Kinder. Es entschädigt auch dafür, dass üblichere Lustbarkeiten wie Aquaparks, Spaßbäder und Spielplätze, die die Badeorte des Festlands so wesentlich prägen, hier schlicht nicht existent sind.

Noleggio Bici-Lido ➡ dA6
Gran Viale S. Maria Elisabetta 21/B, Lido
✆ 041 526 80 19
www.lidoonbike.it, März–Okt. bei Sonne tägl. 9–19 Uhr
Rad ganztags € 10, *double bikes* für 2 Erwachsene und 2 Kinder € 8 pro Stunde, *family bikes* für 4 Erwachsene und 2 Kinder € 15 pro Stunde
Am Kiosk bei der Vaporetto-Anlegestelle auf dem Lido kann man Tandems, Kinderräder und Fahrräder mieten.

⑩ Gondelfahrt
www.gondolavenezia.it
Die Fahrt mit balancierenden Gondoliere und lebhaftem Bootsverkehr in den Kanälen ist ein Erlebnis. Mit 80 Euro für 40 Minuten ist das zwar nicht gerade billig, aber die Kinder werden sich noch lange an die außergewöhnliche Bootsfahrt erinnern.

Noch ist es ruhig an der »Molo« und die Gondeln tragen ihre Schutzhüllen

Mittlerweile verboten: Tauben füttern auf dem Markusplatz

Reiselektüre für Kinder

Auch Kinder haben mehr Spaß an der Reise, wenn die Vorfreude groß ist. In der Reihe **Bambini unterwegs** gibt es den kleinen Reiseführer »Venedig« von Diana Scheuring für Kinder ab 5 Jahren (Edition Kappa, ISBN 978-3-93200-062-5). Derzeit ist das 2002 erschienene Buch allerdings nur antiquarisch zu bekommen. Ebenfalls schon für jüngere Kinder (ab 6 Jahre) geeignet ist das Buch »**Lavendel in Venedig**« der mehrfach preisgekrönten schwedischen Kinderbuchautorin Christina Björk (Verlag cbj, erschienen 2000, € 16,45). Die Geschichte von Lavendel, deren Papa meint, dass jedes Kind einmal das märchenhafte Venedig besuchen sollte, ist auch für vorlesende Eltern eine schöne Reisevorbereitung. Für etwas ältere Kinder (ab 8 Jahre) ist das Buch **»Venedig für dich!«** von Kristina Pongracz geeignet (Verlag Lonitzberg, 2. Auflage 2012, 80 S., € 12,95). Mit Comics und Rätseln bringt dieser Reiseführer Lesern bis ins frühe Teenageralter unterhaltsam und informativ die Geheimnisse der Stadt nahe.

Museo Civico Correr * ➡ G11
S. Marco 52 – Piazza S. Marco
Direkt gegenüber der Basilika San Marco
✆ 041 240 52 11
www.museicivicveneziani.it
Tägl. April–Okt. 10–19, Nov.–März 10–17 Uhr
Eintritt €16/8 (für Dogenpalast, Museo Civico Correr, Museo Archeologico, Biblioteca Nazionale Marciana und eines der Civici Veneziani Museen), Familien erhalten ab der 2. Person Ermäßigung, Kinder bis 6 Jahre frei
Kanonen und alte Rüstungen sind ein Argument mit Kindern ins Museo Correr zu gehen.

Museo Storico Navale
Riva di S. Biasio – Castello 2148
✆ 041 244 13 99, www.marina.difesa.it (nur italienisch)
Mo–Fr 8.45–13.30, Sa 8.45–13 Uhr
Eintritt € 1,55
Das auch für Kinder interessante Museum venezianischer Seefahrtsgeschichte zeigt neben Schiffsmodellen, nautischem Gerät und Waffen auch Pläne und Ansichten von Venedig, dem Arsenal und kolonialen Festungen. ■

Erholung und Sport: Oasen in der Stadt, Sport

Parks und Grünanlagen sind in Venedig praktisch nicht existent, Schwimmbäder (außer der Adria) Mangelware – bzw. nur in sehr wenigen Hotels der obersten Preiskategorie zu finden. Bei hohen Temperaturen und extremer Luftfeuchtigkeit im Hochsommer sind Erholungspausen jedoch für Einheimische (die dann sowieso am liebsten die Flucht ans Festland ergreifen) wie für Besucher ein Muss. Alle müssen ein wenig tricksen, denn auf Erholungsuchende ist die Serenissima einfach nicht eingestellt. Wo man anderswo in Parks flaniert, trifft man sich in Venedig auf Plätzen, und die sind im Sommer nicht gerade kühl. Erste Regel, wenn das Thermometer klettert: aufs Wasser. Im Boot wirkt Fahrtwind wohltuend und wenn das Vaporetto die Strände des Lido erreicht, ist echte Linderung in Sicht. Unbedingt erholsam ist es, hier einen Tag lang die Zehen in den Sand zu graben. Außerdem gibt es auf dem Lido zahlreiche Möglichkeiten zur sportlichen Betätigung von Golf über Radfahren bis zum Tennis.

Oasen in der Stadt

Parks
Öffentliche Grünflächen sind in Venedig Mangelware. Die meisten (der wenigen) Gärten sind klein und in Privatbesitz. Flanieren können Sie aber durch die **Giardini Pubblici** ➡ J/K16/17, wo die 28 Städte-Pavillons der Kunst-Biennale ein außergewöhnliches Panorama bieten. Die **Giardini Ex Reali** ➡ H11 sind eine kleine grüne Oase zwischen Markusplatz und Wasser. Ein schöner, schattiger Platz zum Verschnaufen. Schatten spendet auch der Botanische Garten **Giardino Papadopoli** ➡ E6 im Westen der Stadt.

Lido di Venezia ➡ aC/aD3–5
Öffentliche Strände auf dem Lido sind S. Nicoló und Alberoni. Allerdings gibt es dort keine Aufsicht. Wer die typisch italienische Strandausstattung aus Liegestuhl und Sonnenschirm und zugleich die aus Café, Bar, Kinderbespaßung, Duschen, sanitären Anlagen und Aufsicht eines Bademeisters bestehende Infrastruktur eines Strandbads nutzen will, muss eines der *bagni* aufsuchen. Für einen Schirm und zwei Liegen zahlt man 20 Euro.

Giudecca
Die gegenüber der Zattere Dorsoduro gelegene Insel befindet sich im Wandel von einer eher trostlosen Arbeitergegend hin zum Trendviertel. Ein wenig Glamour ist zwar schon länger hier daheim – dafür sorgt schon das elegante Hotel Cipriani an der Spitze der Insel – dennoch kann man auch venezianischen Alltag erleben. Während im 17. Jh. noch zahlreiche Adelsfamilien auf der Insel lebten, wurde Giudecca im 19. Jh. Heimat verschiedener Fabriken. Obwohl es hier noch schmucklose Bauten gibt, ist der Strukturwandel in vollem Gang. Die einstige Getreidemühle **Molino Stucky** etwa wurde zu einem feudalen Hotel. Besonders sehenswert ist neben wenigen verbliebenen Villen die von Andrea Palladio gestaltete Kirche Il Redentore (Juli–Aug. Mo–Sa 10–17 Uhr, Eintritt € 3).

Casanova Wellness Centre
➡ K12
Hotel Cipriani
Giudecca 10

✆ 041 520 77 44, tägl. 10–20 Uhr
www.hotelcipriani.com
Alle erdenklichen Wellness-Behandlungen, die Körper und Geist in Form und Einklang bringen; Dampfbad, Sauna, Schönheitssalon. Teuer, aber ein Erlebnis.

Sport

Yoga Studio Venezia ➡ F9
Campo S. Polo 2006
✆ 348 781 46 06
www.yogastudiovenezia.it
Privat- und Gruppenunterricht, auch in englischer Sprache. Kurse Mo–Sa (Kursplan auf der Webseite), nach Vereinbarung auch sonntags.

Yogamio ➡ B9
Cannaregio 3322 – Fondamenta de la Sensa
✆ 334 194 06 71, www.yogamio.it
Zum Angebot gehören Kurse und Seminare für Yoga.

Circolo Golf Venezia
➡ südl. aE3/4
Via Strada Vecchia 1, Alberoni-Lido
✆ 041 73 13 33
www.circologolfvenezia.it
Tägl. außer Mo 8–18.30, im Sommer bis 20 Uhr
Greenfee Di–Fr € 75, Sa/So € 85
Auf dem Lido kommen Golf-Fans zum Abschlag – auf dem 18-Loch-Platz einer der schönsten Anlagen Italiens. Clubhaus mit Restaurant.

Noleggio Bici-Lido ➡ dA6
Gran Viale S. Maria Elisabetta 21/B, Lido
✆ 041 526 80 19
www.lidoonbike.it, März–Okt. bei Sonne tägl. 9–19 Uhr
Rad ganztags € 10, *double bikes* für 2 Erwachsene und 2 Kinder € 8 pro Stunde, *family bikes* für 4 Erwachsene und 2 Kinder € 15 pro Stunde
Außer bei den Hotels auf dem Lido kann man auch hier Räder, Tandems und eine Art Rad-Rikscha mieten.

Tennis Club Ca' del Moro ➡ aE4
Via Ferruccio Parri 6, Lido
✆ 041 77 08 01
Tägl. 9–22 Uhr
www.tennisclubcadelmoro.it
Preis für Nicht-Mitglieder € 9 pro Stunde, Reservierung empfohlen
Der Tennisclub bietet zehn Außenplätze, die abends mit Flutlicht erleuchtet werden, sowie ein Schwimmbad und ein Fitnessstudio. ■

Blick von der Vaporetto-Station Sant' Elena zum Lido di Venezia

Daten zur Stadtgeschichte

421 Der 25. März 421 ist das legendäre Gründungsdatum Venedigs.

697 Wahl des ersten Dogen, des Staatsoberhauptes auf Lebenszeit.

810 Der Regierungssitz wird nach Rialto, dem Zentrum Venedigs, verlegt.

828 Venezianische Kaufleute bringen die angeblichen Reliquien des hl. Markus nach Venedig (»Markusrepublik«).

840 Venedig erwirkt von Kaiser Lothar I. Handelsfreiheit im Westreich. Die Emanzipation gegenüber Byzanz beginnt – und zugleich Venedigs Aufstieg zur Handelsmacht.

1000 Begründung der Vorherrschaft in der Adria durch die Eroberung Dalmatiens.

1082 Die Goldene Bulle garantiert Handelsprivilegien im Ostreich.

1085 Venedig schlägt die Normannen, die große Teile Italiens erobert haben, und wird durch seinen prosperierenden Seehandel zur wirtschaftlichen und militärischen Großmacht.

1094 Nach dem Wiederauffinden der Markusreliquien wird der 1063 neu erbaute Markusdom geweiht.

Den farbenprächtigen Markuslöwen malte Michele Giambono im 15. Jh. (Museo Civico Correr)

1172 Konstituierung des Großen Rates.

1201–04 Eroberung und Plünderung Konstantinopels unter der Führung Venedigs während des 4. Kreuzzugs. Die Beute beläuft sich auf drei Achtel des Byzantinischen Reiches. Venedig baut seine Machtstellung kontinuierlich aus und ist im 14. Jh. die führende Seemacht. Innenpolitisch entwickelt sich der Lagunenstaat zu einer oligarchisch geprägten Republik: Die *nobili*, die Adligen, regieren.

1261–95 Der venezianische Entdecker Marco Polo (1254–1323) reist durch Asien.

1297 Die *serrata*, die Abschaffung des Großen Rates, schließt die Bürger Venedigs endgültig von der Macht aus.

1355 Enthauptung des Dogen Marino Falier wegen Vergehens gegen die Verfassung.

1378–81 Im Krieg gegen Genua gerät Venedig in größte Bedrängnis, kann aber schließlich die gegnerische Flotte doch vor Chioggia besiegen.

1389 Treviso fällt an Venedig. Nach und nach erweitert die Stadt nach der Auflösung der Einheit Norditaliens ihren Besitz auf dem Festland *(terra ferma).*

1405 Verona und Padua fallen an Venedig.

1420 Udine und Friaul fallen an Venedig.

1414–23 Hochblüte Venedigs unter dem Doganat Tommaso Mocenigos.

1441 Ravenna und Cremona fallen an Venedig.

Grabmal des Dogen Tommaso Mocenigo in Santi Giovanni e Paolo

1451 San Pietro di Castello wird anstelle von Grado neuer Sitz des Patriarchen von Venedig.

1468 Zypern fällt an Venedig.

1498 Mit der Entdeckung des Seewegs nach Indien durch den Portugiesen Vasco da Gama kündigt sich der Verlust des Monopols im Osthandel an.

1508 In der Liga von Cambrai verbünden sich Frankreich, Spanien und die italienischen Nachbarn gegen Venedig. Später treten ihr auch der Papst sowie England und Spanien bei. In den folgenden Auseinandersetzungen verliert die Republik Venedig an Land und schließlich an Bedeutung.

1516 Venedig kaserniert jüdische Kriegsflüchtlinge im Ghetto von Cannaregio im Norden der Stadt.

1518 Enthüllung von Tizians Meisterwerk »Mariens Himmelfahrt« in der Frarikirche.

1537 Nach der Niederlage der venezianischen Flotte im Türkenkrieg gewinnen die Türken die Vorherrschaft zur See. Zwar siegt Venedig gemeinsam mit den christlichen Flotten 1571 in der Schlacht von Lepanto, aber der Zerfall des Imperiums setzt sich kontinuierlich bis ins frühe 18. Jh. fort.

1577 Katastrophaler Brand im Dogenpalast. Binnen kurzer Zeit wird er in gotischer Form wiederaufgebaut.

Ansicht von Venedig auf einem Kupferstich von Georg Braun und Frans Hogenberg (Köln, 1572)

1587 Die Serenissima, die Durchlauchtigste, gründet die erste öffentliche Bank Venedigs.

1588–91 Bau der Rialtobrücke.

1630–31 Einer verheerenden Pestepidemie fallen 50 000 Menschen zum Opfer. Allein im November 1630 sterben fast 15 000 Menschen in der Lagunenstadt, die zu diesem Zeitpunkt 140 000 Einwohner hat.

1744–82 Bau der *murazzi*, der Zyklopenmauern, die die Lagunenküste zwischen Pellestrina und Chioggia schützen.

1786 Goethe macht auf seiner Italienreise Ende September Station in Venedig.

1792 Das Opernhaus La Fenice wird eröffnet.

1797 Mit der napoleonischen Besetzung endet nach 1100 Jahren die *Serenissima Repubblica.*

1798 Im Vorfrieden von Leoben tritt Napoleon Teile Venetiens an Österreich ab.

1807 Der Markusdom wird Bischofskirche des Patriarchen von Venedig.

1848 Erhebung gegen die Österreicher in Venedig; die Demokratische Republik Venetien wird proklamiert und schließt sich Piemont-Sardinien an.

1866 Venedig wird Bestandteil des Königreiches Italien.

1895 Die erste Esposizione Biennale d'Arte Contemporanea findet statt.

1902 Einsturz des Campanile von San Marco, der bis 1912 originalgetreu wieder aufgebaut wird.

1915–18 Venedig wird als Sitz des Marinekommandos mehrfach angegriffen.

1917 Mit dem Entstehen der Industriezonen in Mestre und Marghera setzt die langsame Zerstörung des ökologischen Gleichgewichts in der Lagune ein.

1966 Nach einem katastrophalen Hochwasser kommt das UNESCO-Programm zur Rettung Venedigs in Gang.

1985	Verabschiedung eines Gesetzes zum Schutz der Lagune.
1990	Lokale und internationale Proteste verhindern die Ausrichtung der Weltausstellung in Venedig.
1996	Das Opernhaus La Fenice fällt einem Brand zum Opfer.
2003	Grundsteinlegung für das Projekt »MOSE«, eine Stahlkonstruktion in der Lagune, die die Stadt vor dem Hochwasser schützen soll; die Fertigstellung ist noch nicht abzusehen.
2004	Der Bürgermeister Venedigs und EU-Parlamentarier Paolo Costa sprechen sich für den Bau der U-Bahn-Linie aus, die den Flughafen mit der Altstadt verbindet. Das Opernhaus La Fenice eröffnet wieder.
2008	Nach zwölf Jahren Bauzeit wird am 12. September die vierte Brücke über den Canal Grande, die Ponte della Constituzione, ein 90 Meter langer, graziler Bogen nach einem Entwurf Santiago Calatravas, eröffnet. Die Feier allerdings fällt aus – wegen der enormen Kosten und weil die Passierbarkeit für Behinderte nicht berücksichtigt wurde.
2009	Im Juni wird auf der Punta della Dogana das zweite Museum für zeitgenössische Kunst des Millionärs François Pinault eröffnet. Im selben Jahr warnt die Organisation »Venice in Peril« (Venedig in Gefahr), dass der geplante Hafenausbau und die Vertiefung der Fahrrinnen zu häufigerem Hochwasser und vermehrter Erosion führen und somit die Bausubstanz dramatisch angreifen werden.
2011	Ende August wird eine Tourismussteuer eingeführt. Übernachtungsgäste müssen in den ersten fünf Nächten je nach Kategorie der Unterkunft zwischen 50 Cent und fünf Euro pro Nacht entrichten. Kinder zwischen 10 und 16 Jahren zahlen die Hälfte. Die Stadt will die Besucher so an den Sanierungskosten beteiligen.
2012	Bürgermeister Giorgio Orsoni kämpft mit seinen Finanzen: Venedig hat trotz Besucheransturms 400 Millionen Euro Schulden. Zudem hat der Nationalausschuss für Architektur die Pläne des Architekten Rem Kohlhaas für den Umbau der Fondaco dei Tedeschi abgewiesen. Der Stadt droht durch die resultierende Verzögerung des Umbaubeginns eine Vertragsstrafe von sechs Millionen Euro, die an den Käufer Benetton zu zahlen wäre. ■

Das Pinault-Museum Punta della Dogana

Service von A–Z

Venedig in Zahlen und Fakten ... 72
Anreise, Einreise ... 73
Auskunft ... 74
Diplomatische Vertretungen ... 75
Feiertage, Feste, Veranstaltungen ... 76
Geld, Banken, Kreditkarten ... 78
Hinweise für Menschen mit Behinderungen ... 78
Internet ... 78
Klima, Kleidung, Reisezeit ... 78
Medizinische Versorgung ... 79
Notfälle, wichtige Rufnummern ... 79
Post, Briefmarken ... 79
Presse ... 79
Rauchen ... 80
Sicherheit ... 80
Sightseeing, Touren ... 80
Telefonieren ... 80
Trinkgeld ... 80
Venezianisches Wörterbuch ... 81
Verkehrsmittel ... 85

Venedig in Zahlen und Fakten

Alter: Gründungsdatum ist der 25. März 421.
Fläche: Obwohl sich Venedig insgesamt über 412 km² erstreckt, konzentriert sich das historische Zentrum auf nur 7 km.
Lage: In einer Lagune gelegen umfasst die Stadt 117 kleine Inseln, die mit mehr als 400 Brücken verbunden sind.
Einwohner: 270 000 (61 000 im historischen Zentrum)
Einwohnerdichte: 657 Einwohner/km²
Bevölkerungszusammensetzung: 2006 waren 93,7% der Bevölkerung Italiener, die größte Gruppe der Immigranten kommt aus anderen EU-Staaten (mit 3,26 % hauptsächlich aus Rumänien), gefolgt von Immigranten aus Südasien (1,26%) und Ostasien (0,9%).
Klima/Temperaturen: Venedigs Klimazone ist gemäßigt; die durchschnittliche Jahrestemperatur beträgt 13,5°C. In den wärmsten Monaten Juli und August kann es schwül werden, der meiste Regen fällt im November, am trockensten ist es im Januar.
Bildung: Venedig hat drei Universitäten.
Wirtschaft: Während das Festland von industriellen Strukturen geprägt ist, sind in der Lagune Tourismus, Handel und Bauwesen von wirtschaftlicher Bedeutung.
Tourismus: Venedig gehört zu den meistbesuchten Städten Europas; 2011 kamen rund 30 Mio. Besucher.

Blick vom Campanile di San Giorgio Maggiore hinüber nach San Marco

Anreise, Einreise

Mit dem Auto

Die Hauptrouten von Deutschland nach Venedig sind für Autofahrer die Brenner-Autobahn, der Felbertauern-Tunnel und der Plöckenpass. Für die Fahrt durch Österreich müssen eine Vignette (10 Tage € 8, 60 Tage € 23,40, 12 Monate € 77,80) und in Italien Autobahngebühr bezahlt werden. Bei Anreise über die Schweiz benötigt man eine 12 Monate gültige Vignette (€ 33).

Frühzeitig sollte man sich entscheiden, wo man sein Auto parken will, damit man sich entsprechend einordnen kann. Die **Parkplätze** auf der Isola del Tronchetto sind ganzjährig geöffnet und liegen wie die der Piazzale Roma Venedig am nächsten. Deshalb sind sie teuer und oft überfüllt (in Tronchetto zahlt man für 24 Stunden € 21, an der Piazzale Roma € 26 in der Hauptsaison, sonst € 24, bei Onlinebuchung € 23,40/21,60, www.asmvenezia.it/accita/comunale.html, im Parkhaus San Marco kosten 24 Stunden € 30, www.garagesanmarco.it). In den Parkhäusern muss man den Schlüssel steckenlassen, damit die Autos bei angespannter Parksituation – also eigentlich immer – rangiert werden können.

Das Vaporetto 2 bringt Sie von Tronchetto und von der Piazzale Roma in die Stadt.

Weiter außerhalb und preiswerter können Sie in San Giuliano, in Fusina, in Treporti und in Punta Sabbioni parken. Von allen Parkplätzen gelangt man mit öffentlichen Verkehrsmitteln in die Stadt. In Mestre finden Sie Parkplätze direkt gegenüber dem Bahnhof. Erkundigen Sie sich auf jeden Fall nach den Öffnungszeiten, einige Parkplätze schließen nachts!

Mit dem Zug

Täglich verkehren von Deutschland, Österreich und der Schweiz Schnellzüge nach Venedig; von München aus fährt ein Nachtzug in acht Stunden ans Ziel. Alle Züge enden im **Bahnhof S. Lucia** ➡ C–E4–6 (Stazione Ferrovia S. Lucia), der am Anfang des Canal Grande liegt. Im Bahnhof gibt es eine Hotelinformation und ein Tageshotel. Davor befinden sich die Haltestellen vieler Schiffslinien – die Nr. 1 fährt den ganzen Canal Grande ab.

Zentrale **Bushaltestelle** ist die Piazzale Roma ➡ E/F5. Dort gibt es auch eine Hotelinformation des Verkehrsvereins.

Mit dem Flugzeug
In der Umgebung von Venedig gibt es zwei internationale Flughäfen: Venedig Marco Polo (VCE) und Venedig Treviso (TSF). Der **Flughafen Venedig Marco Polo (VCE)** ➡ aA4 (Viale G. Galilei 30/1, I-30173 Tessera-Venezia, ✆ 041 260 92 60, www.veniceairport.it) ist der größere von beiden und liegt etwas näher (östlich von Mestre, 13 km vom Stadtzentrum) an Venedig. Es gibt einen großen internationalen Terminal, im Ankunftsbereich befinden sich ein Infoschalter und eine Touristeninformation.

Schnellbusse des Verkehrsverbunds ATVO verkehren ca. alle 30 Min. zur Piazzale Roma, genaue Zeiten unter www.atvo.it, Fahrtzeit ca. 20 Min., Fahrpreis € 6, bei Onlinebuchung mit Rückfahrkarte € 11. Von dort kommt man mit Vaporetto oder Wassertaxi weiter.

Die Alilaguna (www.alilaguna.it) ist ein privates venezianisches Schiffstransportunternehmen. Eine der beiden Linien, die Orange Line, fährt im 30-Min.-Takt vom Marco-Polo-Flughafen aus etwa 17 km über Kanäle zum Markusplatz. Die einfache Fahrt kostet € 15 (bei Onlinebuchung € 14). Ein wunderbares Panorama, vorbei an den alten Palazzi, wird dem Reisenden schon bei der Einfahrt nach Venedig geboten. Zehn verschiedene Landungsplätze (u.a. auch Murano) werden angefahren.

Der **Flughafen Venedig Treviso (TSF)** (Aertre S.p.a. – Via Noalese 63/E, 31100 Treviso, ✆ 04 22 31 51 11, www.trevisoairport.it) wird hauptsächlich von Billigfluggesellschaften angeflogen. Er liegt ca. 30 km von Venedig und 3 km von Treviso entfernt. Informationsschalter gibt es in der Ankunfts- und Abflughalle.

Alle Busse fahren vor der Ankunftshalle des Flughafens ab: Flughafen Treviso – Bahnhof Mestre-Venezia – Piazzale Roma, Venedig. Der ATVO Eurobus-Service (Ryanair Shuttlebus) verkehrt abgestimmt auf die Abflugs- und Landezeiten von Ryanair zwischen dem Flughafen und der Piazzale Roma in der Nähe des Bahnhofs Santa Lucia am Nordwestrand von Venedig (Hin- und Rückfahrt € 13, Infos: www.atvo.it).

Auskunft

Italienische Zentrale für Tourismus ENIT
Barckhausstr. 10
D-60325 Frankfurt/Main
✆ (069) 23 74 34
Fax (069) 23 28 94
www.enit-italia.de
frankfurt@enit.it
Prospekte können mit Rückporto bei obiger Adresse bestellt oder online heruntergeladen werden.

In Österreich
Mariahilfer Str. 1 b, A-1010 Wien
✆ (01) 505 16 39
Fax (01) 505 02 48
www.enit.at, vienna@enit.it

In der Schweiz
Uraniastr. 32, CH-8001 Zürich
✆ (043) 466 40 40
Fax (043) 466 40 41
www.enit.ch, zurich@enit.it

Azienda di Promozione Turistica (APT)
S. Marco 71/F, I-30124 Venezia
✆ 041 529 87 11
www.turismovenezia.it
Hier kann man Broschüren schriftlich anfordern. Zentraler Anlaufpunkt ist der **Venice Pavillon** ➡ H11 in der Nähe der Vaporetto-Station Vallaresso. Er dient als Touristeninformation, Buchladen und Ticketbüro (tägl. 9–14.30 Uhr).

Die anderen Uffici Informazioni befinden sich am **Piazzale Roma** ➡ E/F5, am **Markusplatz** links vom Museo Correr ➡ G/H11, am **Bahnhof** ➡ C–E4–6 und am **Flughafen** ➡ aA4.

Nur in der Hochsaison sind jene auf dem Lido (Viale Santa Maria Elisabetta 6a) ➡ dA6, in **Cavallino** (Via Fausta, 406a) und an der Autobahn in **Dolo** (Areo Servizio Arino) in Betrieb.

An den Schaltern der Gesellschaft Vela, die man unter anderem am Piazzale Roma, am Bahnhof und am Tronchetto findet, erhalten Sie sowohl Tickets für Vaporetti und Stadtbusse als auch fürs Theater und andere Veranstaltungen in der Stadt. Infos: ✆ 041 24 24 oder www.hellovenezia.it.

Und nun noch ein Tipp zur Einstimmung auf die Reise: In seinem großartigen Buch, »Die Stadt der fallenden Engel«, stellt John Berendt einige exzentrische und glamouröse Bewohner Venedigs vor.

Diplomatische Vertretungen

Honorarkonsulat der Bundesrepublik Deutschland ➡ F6
Palazzo Condulmer
Santa Croce 251
30135 Venedig
✆ 041 523 76 75, Fax 041 244 84 69
venedig@hk-diplo.de

Konsulat der Republik Österreich ➡ F6
Palazzo Condulmer
Santa Croce 251
30135 Venedig
✆ 041 524 05 56, Fax 041 52 42 151
consolato.austria@zoppas.com
Mo–Do 10–12 Uhr

Schweizerisches Konsulat ➡ J8
Campo S. Agnese
Dorsoduro 810
30123 Venezia
✆ 041 522 59 96
Fax 041 244 38 63
venezia@honrep.ch
Mo–Fr 9–12 Uhr

Venedig besitzt eine lebendige Festtradition – der Carnevale gehört dazu

Feiertage, Feste, Veranstaltungen

Feiertage:

1. Januar *(Capodanno)* – Neujahr
6. Januar *(Epifania)* – Heilige Drei Könige
Ostermontag *(Pasquetta)*
25. April *(La Resistenza/Anniversario della Liberazione)* – Tag der Befreiung von der deutschen Besatzung
1. Mai *(Festa del Lavoro)* – Tag der Arbeit
Christi Himmelfahrt und **Fronleichnam** werden am jeweils darauffolgenden Sonntag festlich begangen
2. Juni *(Festa della Repubblica)* – Nationalfeiertag, Jahrestag der Gründung der Republik
15. August *(Ferragosto/ Assunzione SS. Vergine)* – Mariä Himmelfahrt
1. November *(Ognisanti)* – Allerheiligen
8. Dezember *(Immacolata Concezione)* – Unbefleckte Empfängnis
25. und **26. Dezember** *(Natale* und *S. Stefano)* – Weihnachten und Fest des hl. Stefan

Feste (Auswahl):

Januar/Februar
Il Carnevale di Venezia – Der von Napoleon abgeschaffte *carnevale* feiert seit 1980 fröhliche Auferstehung. Zunächst im Rahmen des Theaterfestivals konzipiert, hat das phantasievolle Maskenspiel längst von der ganzen Stadt Besitz ergriffen. Vorsicht, während der tollen Tage ist Venedig komplett überfüllt.
April/Mai
Festa della Sensa – Fest der Vermählung mit dem Meer in Erinnerung an den Himmelfahrtstag im Jahr 1000, als der Doge Pietro Orseolo mit einer Flotte vom Lido aus aufbrach, um die Städte Istriens und Dalmatiens zu erobern. Sonntag nach Himmelfahrt.
Juli
Festa e Regata del Redentore – Am 3. Sonntag im Juli wird des Endes der Pest gedacht. 1576 stiftete Venedig die Erlöserkirche Il Redentore auf Giudecca, zu der man auf eigens errichteten Pontonbrücken pilgert. Am Abend vorher feiern die Venezianer auf geschmückten Booten und mit großem Feuerwerk.
September
Regata Storica (Historische Regatta) – Beim Festzug der von kostümierten Männern geruderten, historischen Boote bekommt man ein farbiges Bild von dem Prunk und der Pracht vermittelt, die die Serenissima zu Ehren hoher Gäste oder bei anderen feierlichen Gelegenheiten entfaltete. Anschließend bieten die von den einheimischen Parteien mit Leidenschaft verfolgten Gondelwettrennen ein nicht minder eindrucksvolles Schauspiel. Um ein Hotelzimmer mit Kanalblick muss man sich schon Monate vorher bemühen (und auch sonst sind die Hotels in dieser Zeit meist ausgebucht!). Termin: alljährlich am ersten Septembersonntag.
Oktober
Venedig-Marathon – Ein flacher Parcours entlang der Brenta Richtung Mestre. Über die fast 6 km lange Brücke Ponte de la Libestà, 12 weitere Brücken und eine eigens dafür errichtete 300 m lange schwimmende Brücke über den Canal Grande zum Markusplatz. Entlang der Promenade ist der Startpunkt Riva dei Setti Martiri in der Nähe der Piazza San Marco wieder erreicht. Letzter So im Oktober, Start 9.20 Uhr. Am gleichen Morgen startet auch der Family Run (5 km, www.venicemarathon.it).
November
Festa della Madonna della Salute – Gedenkfeier für das Ende der Pest im 17. Jh., Prozession über Pontonbrücken zur Kirche S. Maria della Salute. Termin: 21. November.

Alle zwei Jahre präsentiert die Biennale – Esposizione Internazionale d'Arte von Juni bis November moderne Kunst

Veranstaltungen:

Mai/Juni

Festival Internazionale di Danza Contemporanea (Internationales Festival des zeitgenössischen Tanzes) – Seit 2003 findet dieses Festival jährlich im Teatro Piccolo Arsenale und im Teatro alle Tese statt.

Juni–November

Biennale – Esposizione Internazionale d'Arte – Die 1895 erstmals durchgeführte und seit 1910 in un geraden Jahren stattfindende Biennale gilt neben der documenta in Kassel als wichtigstes Forum und als Seismograph für die aktuellen Tendenzen in der zeitgenössischen Kunst. Oft skandalumwittert, oft totgesagt, hat sich die Veranstaltung dennoch – auch dank privater Sponsoren – behauptet. Neben den Biennale-Pavillons stehen inzwischen weitere Ausstellungsräume u. a. in den Magazzini del Sale (Salzlager) an den Fondamenta Zattere, im Palazzo Grassi und in früheren Werftanlagen auf der Giudecca zur Verfügung. Infos: www.labiennale.org. Termin: alle zwei Jahre, das nächste Mal 2013.

Mostra Internazionale di Architettura – Der jüngste Spross der venezianischen Festivalfamilie löste schon 1972 heftige Diskussionen aus, als die umstrittenen »Vier Projekte für Venedig« berühmter zeitgenössischer Architekten veranschaulichten, wie sich die Moderne in Venedigs Stadtbild ausmachen würde. Dennoch präsentiert das Festival nicht nur Werkschauen namhafter Architekten und Architekturbüros, sondern ist weiterhin ein wichtiges Forum für die Auseinandersetzung mit Venedig-spezifischen Problemen, die in Wettbewerbsaufgaben zur Lösung anstehen. Die 13. Architektur-Biennale fand 2012 statt.

September

Mostra Internazionale d'Arte Cinematografica (Film-Biennale) – Der 1932 aus der Taufe gehobene Wettbewerb um den »Goldenen Löwen« von Venedig fand zuerst im Hotel Excelsior, später im Palazzo del Cinema am Lido statt. Neben der »Palme von Cannes« zählt die venezianische Trophäe unter Cineasten zu den wichtigsten internationalen Auszeichnungen in der Filmwelt. Termin: jährlich Ende August/Anfang September.

Sagra del Pesce – Zu gebratenem Fisch fließt am dritten Sonntag im September auf Burano Weißwein in Strömen, während Ruderer sich zur letzten Regatta der Saison versammeln.

Oktober

Festival di Musica Contemporanea (Festival für zeitgenössische Musik) – Das 1930 mit Werken von Paul Hindemith und Béla Bartók eröffnete Musikfestival war mehrfach Schauplatz für Welturaufführungen, z. B. Igor Strawinskys »The Rake's Progress« 1951 und George Gershwins »Porgy and Bess« 1954. Bei Kennern der Moderne und Avantgarde stehen die Aufführungen in hohem Ansehen.

Festival del Teatro (Theaterfestival) – Zur Eröffnung dieser Festspielreihe, die auf Venedig bezogene Bühnenstücke im originalen Ambiente vorstellen wollte, inszenierte Max Reinhardt 1934 Shakespeares »Kaufmann von Venedig« auf dem Campo S. Trovaso. Heute werden die hochkarätigen Aufführungen im Fenice und im Malibran gegeben.

Geld, Banken, Kreditkarten

Währungseinheit ist der Euro. Banken *(banche)* und Sparkassen *(casse di risparmio)* sind in der Zeit von 8/8.30–13/13.30 und von 14.30–15.30/16/17 Uhr geöffnet. Mit der EC- bzw. Kreditkarte erhält man am Automaten am einfachsten und zeitsparendsten Bargeld. Die gängigen Kreditkarten werden fast überall akzeptiert. Notieren Sie sich für den Notfall die Sperrnummer für Ihre Karte.

Bei Diebstahl oder Verlust muss die Karte umgehend **gesperrt** werden. Erkundigen Sie sich, ob Ihre Karte über die **zentrale Sperrnummer** für Deutschland **+49 116 116** (zusätzlich +49 30 40 50 40 50) gesperrt werden kann. Ansonsten wählt man folgende Nummern:

EC, Maestro- und Bankkarten: +49 1805-021 021

Eurocard/Mastercard: ✆ 001-636 722 71 11 (kostenloses R-Gespräch)

Visa: ✆ 001-410-58 19 94 (kostenloses R-Gespräch)

American Express Credit: ✆ +49 69 97 97 20 00

Diners Club: + 49 75 31 36 33 111

Hinweise für Menschen mit Behinderungen

Für Rollstuhlfahrer gibt es einen speziellen Stadtplan, den das Tourist Office auf Anfrage verschickt: *Venezia Accessibile* ist ein Mäppchen mit zwölf übersichtlichen Plänen der Stadtteile und Inseln plus einer Übersichtskarte, auf der ganz Venedig eingeteilt ist in grüne, hellgrüne und rote Bereiche, je nach Behindertenfreundlichkeit. Dabei ist auch eine Liste der behindertengerechten Toiletten. Download unter www.comune.venezia.it.

Internet

www.doge.it
www.venetia.it
www.turismovenezia.it
www.comune.venezia.it
www.ciaovenezia.com
www.venedig.net

Klima, Kleidung, Reisezeit

Im Juli und August sind Temperaturen, Luftfeuchtigkeit und Besucherandrang am höchsten. Wer nicht auf die Schulferien angewiesen ist, reist daher am besten im Früh- oder Spätsommer. Dann ist es tagsüber warm, und nur am Abend braucht man Pullover oder Jacke. Auch Herbst und Winter können sehr reizvoll sein, da man dann das alltägliche Venedig kennenlernt. Allerdings wird auch Winterkälte von Feuchtigkeit begleitet, was sie nicht besonders angenehm macht (warme Sachen einpacken). Stimmungsvoll ist die Karnevalszeit, wenn Gondeln mit Kostümierten durch nebelstille Kanäle fahren. Generell zur Kleidung: Fürs Sightseeing ist Freizeitkleidung völlig in Ordnung. Auch bei größter Hitze sollte man sich insbesondere bei Kirchenbesuchen nur maßvoll entblößen (italienische Männer lassen sich nur am Strand mit kurzen Hosen sehen). In gehobenen Restaurants und Hotels wird am Abend dezente Eleganz erwartet.

Medizinische Versorgung

Der Auslandskrankenschein (E 111) wurde durch die European Health Insurance Card (EHIC) ersetzt. Sie ist erhältlich bei der eigenen (gesetzlichen) Krankenkasse, damit wird man in Krankenhäusern kostenfrei behandelt. Niedergelassene Ärzte müssen meist bar bezahlt werden. Erfahrungsgemäß fallen die ärztlichen Honorare in Urlaubsgebieten hoch aus, doch gegen eine ordnungsgemäße Quittung *(ricevuta)* werden die Ausgaben von der Krankenkasse ganz oder anteilig zurückerstattet. Falls Ihnen ein Rezept ausgestellt wurde, werden auch die Apothekenkosten vergütet. In Apotheken *(farmacia)* sind viele Medikamente rezeptfrei erhältlich.

Der Abschluss einer zusätzlichen Auslandskrankenversicherung ist anzuraten, die Kosten sind nicht hoch (unter € 15) und darin ist auch ein Rücktransport nach Hause (auch Überführung) enthalten, den die gesetzlichen Krankenkassen nicht übernehmen.

Notfälle, wichtige Rufnummern

Telefonvorwahl Italien ✆ +39
Notruf ✆ 112
Notarzt ✆ 118
Feuerwehr ✆ 115
Polizei/Carabinieri ✆ 113/112

Fundbüros:

Ufficio Oggetti Rinvenuti ➡ F10
Im Anbau des Rathauses
Cà Loredan, S. Marco 4136
✆ 041 274 82 25
Mo–Fr 9.30–13 Uhr

Fundbüro im Bahnhof S. Lucia ➡ D6
✆ 041 78 55 31
Mo–Sa 8–12 und 14–17 Uhr

Fundbüro der städtischen Verkehrsbetriebe ACTV ➡ G10
S. Marco 3880
✆ 041 272 27 23
Mo–Fr 8.30–12.30 Uhr

Post, Briefmarken

Die Post ist in der Regel Mo–Fr 8–12/13.30 und Sa 8.30–12 Uhr geöffnet, an manchen Stellen auch nachmittags. Am letzten Tag des Monats gibt es evtl. beschränkte Öffnungszeiten. Die **Hauptpost** ➡ E/F10 befindet sich in der Ca Faccanon, ganz in der Nähe ihres vorherigen Sitzes am Fondaco dei Tedeschi – S. Marco und ist tägl. 8–19 Uhr geöffnet.

Briefmarken *(francobolli)* wie auch Telefonkarten gibt es in den *tabacchi*. Das Porto innerhalb der EU und in die Schweiz sowohl für Ansichtskarten als auch für Standardbriefe mit obligatorischer *posta prioritaria* kostet 65 Cents.

Presse

Überregionale deutschsprachige Tageszeitungen und Magazine sind problemlos zu bekommen. Überregionale italienische Zeitungen sind *Il Corriere della Sera*, *La Repubblica* und *La Stampa*. Regionale Titel sind *La Nuova di Venezia e Mestre* (http//:nuovavenezia.gelocal.it) und *Il Gazzettino* (www.ilgazzettino.it).

Veranstaltungshinweise enthalten die Broschüren *Meeting Venice* (www.meetingvenice.it) und *Un ospite di Venezia* (www.unospitedivenezia.it), die in Hotels und Tourismusbüros ausliegen.

Rauchen

Das Rauchen ist in Italien in allen öffentlichen Gebäuden (auch in Restaurants, Bars und Clubs, die keine ausgewiesenen Räume für Raucher haben) verboten. Eine Zigarette am falschen Ort kann € 250 kosten.

Sicherheit

Kriminalität ist in Venedig kein Thema, zumindest nicht mehr als in anderen europäischen Städten dieser Größe. Und das trotz der Krimis von Donna Leon, deren Kommissar Brunetti inzwischen eine große Fangemeinde auf den Spuren fiktiver Verbrechen durch Venedig pilgern lässt.

Tatsächlich kann man sich zu jeder Tages- und Nachtzeit allein und angstfrei bewegen. An touristischen Brennpunkten gilt wie immer: Achtung vor Taschendieben.

Sightseeing, Touren

Eine Tagesfahrt mit dem *burchiello* von Venedig die Brenta aufwärts nach Padua startet an der Landungsbrücke Pietà Riva degli Schiavoni um 8.45 Uhr, von Malcontenta um 10.45 Uhr (März–Okt. Di, Do, Sa Venedig–Padua, Mi, Fr, So Padua–Venedig). Die Rückfahrt mit dem Bus ab Padua ist inklusive.

Information und Buchungen unter www.ilburchiello.it (auch auf deutsch) oder bei den Tourist Offices, Reservierung ist notwendig. Erwachsene € 61, Jugendliche (12–17 Jahre) € 43, Kinder (6–12 Jahre) € 27, unter 6 Jahren frei. Besichtigung der Villa Foscari (Malcontenta) und der Barchessa Valmarana (Mira) nicht enthalten. Fakultatives Mittagessen für € 20.

Stadtführungen mit unterschiedlichen thematischen Schwerpunkten (z. B. Kunst, Kulinarik, Natur) für Einzelreisende oder Gruppen kann man unter www.planningvenice.com buchen (€ 47 für 2 Stunden).

Telefonieren

Hauptsächlich finden sich in Italien Kartentelefone, man kann aber auch mit Münzen telefonieren. Die Vorwahl nach Deutschland ist ✆ +49, in die Schweiz: ✆ +41, nach Österreich: ✆ +43, danach folgt die Ortsnetzkennzahl ohne Null und anschließend die Teilnehmernummer.

Die Vorwahl nach Italien lautet ✆ +39. Innerhalb Italiens ist die Ortsvorwahl einschließlich der 0 ein fester Bestandteil der Rufnummer, sie muss auch bei Ortsgesprächen mitgewählt werden. Die Ortsnetzkennziffer für Venedig ist ✆ 041.

Trinkgeld

In den Restaurants sind 10 % des Rechungsbetrages üblich. Man lässt das Trinkgeld in der Regel auf dem Tisch oder dem Tellerchen liegen, auf dem die Bedienung die Rechnung bringt.

Fast alle Restaurants schlagen außerdem noch € 2 für Gedeck und 12 % für Bedienung auf. In der Bar gibt man nach einem kleinen Getränk € 0,5–1 oder rundet den Rechnungsbetrag auf.

Venezianisches Wörterbuch

acqua alta	Hochwasser
acqua dolce	Süßwasser
altana	Dachterrasse, meist aus Holz
albergo diurno	hilfreiche Einrichtung für Reisende mit Kindern, die Ruheräume, Babywickelraum, Dusche, Toilette, Friseur und Masseur anbietet
arsenale	von arab. *darsina'a,* Haus der Kunst, Werkstatt; in Venedig die Gesamtheit der Werften und Schiffswerkstätten
aseo (aceto)	Essig
bacaro	kleine Bar, Stehimbiss, der Treffpunkt der Venezianer
baccalà	Stockfisch; venezianisch in Milch gekocht oder püriert
bacino	Becken; erweiterter Kanal mit Anlegeplätzen für Schiffe (S. Marco) oder Gondeln (Orseolo)
barcarole	Gondellied
baicoli	süßer Zwieback
banco	Bank; von *banchi,* den Pulten der Wechsler
bande	Geländer; eine der ersten Brücken, die ein solches erhielt, bekam auch diesen Namen (bei S. Maria Formosa)
bauta	weiße Gesichtsmaske mit schwarzem Kopfschleier
bigoli (in salsa)	dunklere, dickere Spaghetti (mit pikanter Sardellensauce)
bisao, bisato	Aal
bovolo	Wendeltreppe; gab dem Palazzo Contarini den Beinamen
bricole	gebündelte Holzpfähle, die die Fahrrinnen *(canali)* zwischen den Untiefen der Lagune begrenzen
brodetto, broeto	pikante Fischsuppe
Bucintoro	Staatsgaleere der *Serenissima,* von der aus sich der Doge mit dem Meer vermählte
burchielle	kleine Lastkähne der Lagune; davon wohl abgeleitet der Name für das gemächliche Ausflugsschiff auf dem Brenta-Kanal
ca'	von *casa,* Haus, auch im übertragenen Sinn für Familie
calle	von lat. *calles;* gängige Bezeichnung für Venedigs Straßen; Verkleinerungsformen: *calletta, callesella*
campo	Feld; früher ungepflasterter Platz; Verkleinerungsform: *campiello*
Canalazzo	Dialektzusammenziehung aus *canal* und *palazzo* für den Canal Grande
canale	Kanal; *canali* sind alle außer dem Canal Grande
cape longhe	Stabmuscheln
cape sante	Jakobsmuscheln
carampane	Dirnen, die einst in Häusern der Familie Rampane, den Ca'Rampane, wohnten
cartizze	in Valdobbiadene angebauter sehr trockener und stark perlender Sekt

castradina	gesalzenes oder gepökeltes Hammelfleisch, das traditionell zum Salute-Fest gegessen wird
cavallo, il	Pferd; bezeichnende venezianische Charakterisierung des Colleoni-Denkmals
cicchetti	von *cicchetto*, Gläschen; kleine pikante Häppchen zum Wein oder Aperitif
cicisbeo	galanter Gesellschafter verheirateter Frauen
coda di rospo	Froschfisch; Seeteufel
colonne, le	die beiden aus dem Orient stammenden Granitsäulen mit den Stadtheiligen S. Markus und S. Theodor am Molo, zwischen denen die Todesurteile vollstreckt wurden
corno ducale	der hornförmige Dogenhut
corte	kleiner umschlossener Platz
cozze	Miesmuscheln
crosera	Kreuzung
crostini	kleine belegte Weißbrote
datteri di mare	Meerdatteln (Muschelsorte)
dentice	Zahnbrasse
diretto	Bezeichnung für die auf kürzestem Weg, ohne viele Haltestellen verkehrenden Linienschiffe
drogheria	Laden für Gemüse, Wein, Gewürze, Teigwaren und getrocknete Pilze
Erberia	Obst- und Gemüsemarkt am Rialto
Faro	Leuchtturm von Murano
fasoi in salsa (fagioli)	Bohnen in Sardellensauce
fegato alla Veneziana	geschnetzelte Kalbsleber mit Zwiebeln und Petersilie
felze	kabinenartige Überdachung der Passagiersitze von Gondeln; heute leider selten geworden
ferro	Bugeisen der Gondel
fondaco	von arab. *fandouk*, die *casafondaco* bezeichnet zunächst die typisch venezianische Verschmelzung von Wohn- und Geschäftshaus; speziell werden die Warenlager und Unterkünfte der Ausländer in Venedig als *fondaco* bezeichnet

Palazzi und Pali, die bunten Pfähle zum Anbinden der Schiffe, am Canal Grande

Der geflügelte San-Marco-Löwe am Molo

fondamente	Straßen entlang der Kanäle; so genannt, weil diese erst einmal befestigt werden mussten, bevor Häuser darauf gebaut werden konnten
forcola	Ruderdolle der Gondel
forni	Militärbäckereien, die im 15. Jh. den in ganz Europa berühmten Schiffszwieback backten
fragolino	venetischer Wein mit apartem Erdbeeraroma
frari	Franziskaner, Bettelordenmönche
garusoli	Meeresschnecken
Ghetto	von *getto* (Gießerei); Judenviertel von Venedig, das auf dem Gelände einer alten Gießerei errichtet wurde
gondola	der elegante, asymmetrische und unendlich bewegliche Inbegriff von Venedig
granceola	Meeresspinne
grappa	der aus dem Veneto stammende Tresterschnaps
Mercerie	von *marzer*, Kurzwarenhändler; so heißen die Hauptgeschäftsstraßen zwischen Markusplatz und Rialto
merletti	Spitzen
molo	Mole; der Kai vor der Piazzetta S. Marco und dem Dogenpalast
murazzi	Mauern zur Laguneneindämmung
ombra	kleines Glas Wein, 100 ml
orata	Goldbrasse
ostreghe	Austern
pali	zweifarbig bemalte Pfähle vor den Anlegestellen der *palazzi*
pasta e fasoi (fagioli)	Bohnensuppe mit Nudeleinlage
peoci	Miesmuscheln
Pescheria	Fischmarkt am Rialto
pesse (pesce)	Fische
pesse in saor	gebackene Fische in einer würzigen Tunke werden am Redentore-Fest gegessen

piazza	der dem Markusplatz vorbehaltene Begriff
piazzetta	die in den Markusplatz übergehenden Annexe: im Norden die Piazzetta dei Leoni und im Süden die Piazzetta S. Marco
Pietro, San	Petersfisch
piombi	Bleikammern; die wegen ihrer Hitze gefürchteten Verliese unter dem bleigedeckten Dach der Prigioni
piscina	Bezeichnung für eine Straße, die früher einmal ein Gewässer war
pistor (fornaio)	Bäcker
polenta	steifer Maisbrei, der in Scheiben gegrillt zu vielen venezianischen Gerichten gegessen wird
Prigioni	Gefängnis beim Dogenpalast
prosecco	trockener, moussierender Weißwein
ramo	Arm, Abzweigung von einer *calle*
rio	schmaler Kanal; Verkleinerungsform: *riello*
rio terrà	zugeschütteter, zur Straße umfunktionierter Kanal
riso nero	mit Sepiatinte geschwärztes Reisgericht
riva	Ufer; in Venedig Bezeichnung für Schiffslanlegestellen (Riva degli Schiavoni); *riva* heißen auch die Treppen zum Wasser an den *palazzi*, die das Ein- und Aussteigen und somit das Be- und Entladen der Schiffe ermöglichten
ruga	von Geschäften gesäumte Straße; Verkleinerungsform: *rughetta*
salizada	von *salizo*, Pflasterstein
scuola	die venezianischen *scuole* waren Sozialeinrichtungen des Bürgertums
seppie in umido	Tintenfische, im eigenen Saft gekocht
sestieri	die sechs Stadtteile: Cannaregio, S. Marco, Castello, S. Croce, S. Polo und Dorsoduro
sospiri	Seufzer; Name der Brücke zwischen dem Dogenpalast und den Prigioni
sottoportego	Durchgang
squero	Werft
stretto	enger Durchgang
tartufi di mare	Meerestrüffel (Muschelsorte)
terrà ferma	Festland
tette	Brustwarzen; eine so benannte Brücke lag im Dirnenviertel
traghetto	Gondelfähre
tramezzini	dreieckige Weißbrotscheiben mit diversem Belag
Tresoro	Domschatz von S. Marco
trippa	Kutteln
Tronchetto	künstlich aufgeschüttetes Areal mit Parkplätzen
vaporetto	Linienschiff
vera da pozzo	steinerne Brunnenabdeckung
volti	Verbindungsbögen zwischen den Häusern über die Gasse hinweg
vongole	Venusmuscheln
zattere	Flöße; an den gleichnamigen *fondamente* war deren Anlegestelle

Verkehrsmittel

Vaporetti

Das praktischste Fortbewegungsmittel sind die Linienboote (Vaporetti). Sie befahren neben dem Canal Grande auch die wichtigsten Nebenkanäle und verbinden außerdem die Altstadt mit dem Lido, den Laguneninseln und dem Festland.

Eine Dauerkarte ist unbedingt zu empfehlen, denn Einzelkarten kosten astronomische € 7. Da fährt man mit einer Tageskarte (€ 18), einer 24-Stunden-Karte (€ 20) oder einer 2-Tages-Karte (€ 30) sehr viel günstiger. Für einen längeren Aufenthalt gibt es weitere Dauerkarten.

Jungen Menschen von 14 bis 29 Jahren bietet eine 72-Stunden-Jugendkarte für € 18 drei Tage lang unbegrenzte Nutzung von Vaporetti (und Bussen auf dem Festland). Voraussetzung ist der Besitz der Karte »Rolling Venice«, die für € 4 an den Hallo-Venezia-Verkaufsstellen an allen Verkehrsknotenpunkten zu haben ist.

Mit der **Venicecard** (www.venicecard.com) erhält man freien Eintritt oder Ermäßigungen in Museen und Sehenswürdigkeiten. Verkauft wird die Karte am Flughafen, Bahnhof, Busbahnhof und in Tourismusbüros. Die Karte für 7 Tage kostet € 39,90/29,90.

Seit 2009 kann man Geld sparen, wenn man Museumspässe und Vaporetti-Dauerkarten über das Internet (www.veniceconnected.com) mindestens 7 Tage vor Reisebeginn bestellt. Die Homepage hat auch eine deutsche Variante, die Bezahlung ist nur mit Kreditkarte möglich. Nach der Buchung erhält man eine PNR genannte Nummer, die man am Ankunftstag an einer der »Venice Connected Points« in gültige Tickets umwandeln muss (Infos © 041 24 24). Die »Connected Points« befinden sich am Flughafen Marco Polo, im Städtischen Parkhaus an der Piazzale Roma, auf der Isola Nova del Tronchetto (Hallovenezia-Schalter), bei der Santa Chiara an den ACTV-Verkaufsautomaten und am Bahnhof S. Lucia.

Auskünfte zu den Fahrplänen und Ticketpreisen der öffentlichen Verkehrsmittel erhält man unter: www.actv.it.

Wassertaxi

Eine Wassertaxifahrt *(motoscafi)* kostet z. B. für vier Personen vom Bahnhof bis S. Marco ca. € 60; Gepäck, telefonischer Ruf und Nachttarif erhöhen die Kosten. Vom Flughafen bis in die Altstadt zahlt man € 110. Die Tarife müssen an den Taxiständen aushängen.

Taxistände befinden sich u. a. an folgenden Orten: S. Marco, Piazzale Roma, Bahnhof S. Lucia/Ferrovia, Flughafen Marco Polo.

Zentraler Taxiruf: © 041 522 23 03.

Gondola

Das stilgerechte venezianische Fortbewegungsmittel ist die Gondel. Eine Fahrt von 40 Minuten ab zwei und bis höchstens sechs Personen kostet allerdings € 80, nächtliche Fahrten sind noch teurer. Die Preise sind nicht verhandelbar. Wer in der Serenissima eine Gondoliere-Lizenz besitzt, gilt als gemachter Mann.

Traghetto

Die Gondelfähren über den Canal Grande können so manchen Weg auf venezianische Art abkürzen. Sie verkehren in der Regel zwischen 8 Uhr morgens und 16 Uhr, manche auch bis 19 oder 20 Uhr, Preis € 0,60.

Hinweisschilder mit einem Fisch auf schwarzem Grund verweisen auf die Anlegestellen, u.a. in Bahnhofsnähe bei S. Marcuola, bei Ca' d'Oro, S. Tomà und S. Maria del Giglio. ■

Sprachführer

Buon giorno! Wer kennt diese Begrüßung nicht? Sie wird in Italien bis zum frühen Nachmittag verwendet, danach sagt man schon *buona sera*. Beides sind sehr höfliche Ausdrücke, sie werden überall da benutzt, wo gesiezt wird. *Ciao* ist Begrüßung ebenso wie Verabschiedung, wird aber nur verwendet, wenn man sich nahe steht.

Wenn Sie ein öffentliches Lokal oder Büro verlassen, sagen Sie besser *arrivederci* oder *buon giorno* bzw. *buona sera*. *Buona notte* sagt man dann, wenn man sich verabschiedet, um ins Bett zu gehen.

Die Italiener sind in der Regel sehr hilfsbereit, freuen sich über ausländische Besucher und fragen neugierig nach deren Herkunft und dem Grund des Besuches.

Keine Panik, wenn Sie befürchten, zwar eine Frage stellen zu können, die Antwort aber nicht verstehen – Italiener haben eine sehr ausgeprägte Körpersprache. Im Übrigen wissen Sie ja: *Si* heißt ja, *no* nein. Und vergessen Sie nicht, sich zu bedanken – *grazie!*

Alltag, Umgangsformen

Guten Tag!	*Buon giorno!*
Guten Abend!	*Buona sera!*
Gute Nacht!	*Buona notte!*
Hallo!	*Ciao!*
Wie geht es dir?	*Come stai?*
Wie geht es Ihnen?	*Come sta?*
Auf Wiedersehen!	*Arrivederci!*
Gute Reise!	*Buon viaggio!*
Tschüss!	*Ciao!*
Bis bald!	*A presto!*
Bis morgen!	*A domani!*
Schön, dich kennengelernt zu haben.	*Molto piacere di averti conosciuto.*
ja/ nein/ vielleicht	*si/ no/ forse*
Ich heiße ...	*Mi chiamo ...*
Wie heißt du?	*Come ti chiami?*
Wie heißen Sie?	*Come si chiama?*
Entschuldigen Sie!	*Scusi!*
Vielen Dank!	*Grazie mille!*
Bitte schön/Keine Ursache!	*Prego!*

Übrigens: In Italien gibt es zwei Ausdrücke für »bitte«: *per favore* und *prego*. Bitten Sie jemanden um eine Gefälligkeit, verwenden Sie *per favore*. Ansonsten heißt es *prego*.
Falls Sie nicht alles verstehen (zugegeben: die Italiener sprechen ganz schön schnell), können Sie sagen: *Non ho capito. Per favore, parli più lentamente.* Wenn auch das nichts hilft, bleibt noch die Möglichkeit, sich das Gesagte aufschreiben zu lassen: *Me lo scriva, per favore.*

Autofahren

Sollten Sie mit dem Auto unterwegs sein, können Sie die folgenden Vokabeln sicher gut gebrauchen, an jeder Tankstelle und im alltäglichen Straßenverkehr.

Und falls Sie mal eine Werkstatt nötig haben ...

Was auf Straßenschildern steht

lavori in corso	Bauarbeiten
deviazione	Umleitung
pedaggio autostradale	Autobahngebühr
strada senza uscita	Sackgasse
senso unico	Einbahnstraße
il divieto di parcheggio	Parkverbot
zona disco	Parken mit Parkscheibe
attenzione uscita veicoli	Vorsicht Ausfahrt
tornante	Kurve

Rund ums Auto

Mein Auto ist aufgebrochen worden.	*La mia macchina è stata forzata.*
Man hat mir... gestohlen	*Mi hanno rubato...*
Geben Sie mir bitte Ihren Namen und Ihre Anschrift/ Ihre Versicherung an.	*Mi dia il Suo nome e il Suo indirizzo/ il nome della Sua assicurazione, per favore.*
Ich brauche eine Kopie der Anzeige für meine Versicherung.	*Mi occorre una copia della denuncia per la mia assicurazione.*

Es ist nicht meine Schuld.	*Non è colpa mia.*
Sie sind zu schnell gefahren.	*Lei andava troppo forte.*
Führerschein	*la patente*
Ihre Papiere, bitte.	*I Suoi documenti, per favore.*
Sie haben die Vorfahrt nicht beachtet.	*Lei non ha rispettato la precedenza.*
Sie sind zu dicht aufgefahren.	*Lei non ha mantenuto la distanza di sicurezza.*
Ich bin ... km/h gefahren.	*Andavo a … chilometri all'ora.*
Autobahn	*l'autostrada*
Kreuzung	*l'incrocio*
Ampel	*il semaforo*
Parkplatz	*il parcheggio*
Parkuhr	*il parchimetro*
Parkscheinautomat	*il distributore automatico di biglietti per il parcheggio*
Kann ich hier parken?	*Posso parcheggiare qui?*
Sicherheitsgurt	*la cintura di sicurezza*
Tankstelle	*il distributore*
Benzin	*la benzina*
bleifrei	*senza piombo*
Diesel	*il gasolio*
Volltanken, bitte.	*Il pieno, per favore.*
Prüfen Sie bitte den Reifendruck.	*Per favore, controlli la pressione delle gomme.*
fahren	*andare*
überholen	*sorpassare*
wenden	*voltare*
rechts/links/ geradeaus	*a destra/ a sinistra/ sempre diritto*
überqueren	*attraversare*
Bußgeld	*l'ammenda*
Stadtplan	*la pianta della città*
Sicherheit	*la sicurezza*
Stau	*l'ingorgo*

In der Werkstatt	***In officina***
Ich habe einen Unfall gehabt.	*Ho avuto un incidente.*
Ich habe eine Panne.	*Ho un guasto.*
Ich habe einen Platten.	*Ho una gomma a terra.*
Mein Wagen springt nicht an.	*La macchina non parte.*
Die Batterie ist leer.	*La batteria è scarica.*
Die Bremsen funktionieren nicht.	*I freni non sono a posto.*
Werkstatt	*l'officina*
Motoröl	*l'olio del motore*
Ölwechsel	*il cambio dell'olio*
Motor	*il motore*
Getriebe	*il cambio*
Zündkerze	*la candela*
Kotflügel	*il parafango*
Vergaser	*il carburatore*
Blinker	*la freccia*
Reifen	*la ruota*
Anlasser	*il motorino d'avviamento*
Scheibenwischer	*il tergicristallo*
Windschutzscheibe	*il parabrezza*
Scheinwerfer	*il faro*
Kühler	*il radiatore*

Einkaufen

Wie viel kostet das?	*Quanto costa?*
Geld	*i soldi*
Kasse	*la cassa*
ausgeben	*spendere*
bezahlen	*pagare*
Sonderangebot	*l'offerta speciale*
verkaufen	*vendere*
Schaufenster	*la vetrina*
Etwas weniger, bitte.	*Un po' di meno, per favore.*
Etwas mehr, bitte.	*Un po' di più, per favore.*
kleiner/größer	*più piccolo/ più grande*
Wo bekomme ich …?	*Dove posso trovare …?*
Ich hätte gerne …	*Vorrei …*
Geben Sie mir bitte eine Packung …	*Per favore, mi dia un pacco di …*
Zeigen Sie mir bitte …	*Per favore, mi faccia vedere …*
Bitte schön! (Sie wünschen?)	*Dica, prego!*
Kann ich Ihnen helfen?	*Posso aiutarLa?*
Kann ich das anprobieren?	*Lo posso provare?*
Nehmen Sie Kreditkarten?	*Accetta carte di credito?*
Ich hätte gerne etwas Billigeres.	*Vorrei qualcosa di meno caro.*
zu teuer	*troppo caro*
Ich habe Größe …	*Ho la taglia …*
Haben Sie das auch in Größe …?	*Ha anche la taglia …?*
Das ist zu groß/ klein.	*È troppo grande/ piccolo.*
Ausverkauf	*la svendita*
Hemd	*la camicia*
Hose	*i pantaloni*
Mantel	*il cappotto*
Rock	*la gonna*
Kleid	*il vestito*
Strumpfhose	*il collant*
Strümpfe	*le calze*
Blazer	*il blazer*

Jacke	*la giacca*
Halstuch	*il foulard*

Colori	**Farben**
scuro	dunkel
chiaro	hell
blu	blau
marrone	braun
giallo	gelb
rosso	rot
verde	grün
nero	schwarz
bianco	weiß
grigio	grau

Essen und Trinken

Wo bekommt man's

Bäckerei	*la panetteria*
Konditorei	*la pasticceria*
Fleischerei	*la macelleria*
Geschäft	*il negozio*
Markt	*il mercato*
Lebensmittelgeschäft	*il negozio di generi alimentari*
Supermarkt	*il supermercato*

Im Restaurant	***Al ristorante***
Wo gibt es hier ein gutes Restaurant?	*Scusi, c'è un buon ristorante?*
Einen Tisch für … Personen, bitte.	*Un tavolo per … persone, per favore.*
Reservieren Sie uns bitte für heute abend einen Tisch für 4 Personen.	*Può riservarci per stasera un tavolo per quattro persone.*
Ist dieser Tisch noch frei?	*È libero questo tavolo?*
Wo sind bitte die Toiletten?	*Mi può dire dov'è la toilette, per favore?*
Hier entlang, bitte.	*Per di qui, prego.*
Herr Ober/Bedienung, die Speisekarte, bitte.	*Cameriere, il menu, per favore.*
Getränkekarte	*la lista delle bevande*
Weinkarte	*la lista dei vini*
Was können Sie mir empfehlen?	*Che cosa mi consiglia?*
Haben Sie vegetarische Kost?	*Avete pietanze vegetariane?*
Ich nehme…	*Prendo …*
Als Vorspeise/Nachtisch/Hauptgericht nehme ich …	*Per antipasto/dessert/secondo prendo …*
Bitte ein Glas …	*Per favore, un bicchiere di …*
Guten Appetit!	*Buon appetito!*
Zum Wohl!	*Alla salute!*
Ich möchte eine Tasse Kaffee.	*Vorrei una tazza di caffè.*
Die Rechnung, bitte.	*Il conto, per favore.*
Wir möchten getrennt bezahlen.	*Conti separati, per favore.*
Alles zusammen, bitte.	*Tutto un conto, per favore.*
Ich möchte bitte eine Quittung.	*Vorrei la ricevuta.*
Hat es Ihnen geschmeckt?	*È stato di Vostro gradimento?*
Danke, sehr gut.	*Grazie, era davvero molto buono.*
Bitte nehmen Sie es zurück.	*La riporti indietro, per favore.*
essen	*mangiare*
trinken	*bere*
Mineralwasser ohne Kohlensäure	*l'acqua minerale naturale*
mit Kohlensäure	*gassata*
Bier	*la birra*
Glas	*il bicchiere*
Flasche	*la bottiglia*

Was auf der Speisekarte steht

Pesce	**Fisch**
frutti di mare	Meeresfrüchte
cozze	Miesmuscheln
gamberetti	Garnelen
granchio	Krabbe
calamari	Tintenfische
carpa	Karpfen
sogliola	Seezunge
salmone	Lachs
tonno	Thunfisch
trota	Forelle

Carni	**Fleisch**
gallina	Huhn
pollo	Hähnchen
anatra	Ente
scaloppine	kleine Schnitzel
saltimbocca	Kalbsschnitzel
tacchino	Truthahn
fagiano	Fasan
frattaglie	Innereien
polpette	Fleischklößchen
bistecca	Steak
braciola	Rumpsteak
fegato	Leber
montone	Hammel
vitello	Kalbfleisch
agnello	Lammfleisch

Pasta	**Nudelgerichte**
Pasta al burro	mit Butter
Pasta al pomodoro	mit Tomatensauce
Pasta al sugo	mit Fleischsauce
Pasta all'arrabbiata	mit Tomatensauce und Chili
Pasta alla carbonara	mit Ei und Bauchspeck
Pasta alla panna	mit Sahne

Pasta al pesto	mit Basilikum, Pinienkernen, Käse
Pasta alla vongole	mit Venusmuscheln
penne	kurze Nudeln
tagliatelle	Bandnudeln
vermicelli	Fadennudeln

Verdura	**Gemüse**
gli asparagi	Spargel
gli spinaci	Spinat
le carote	Karotten
i fagioli	Bohnen
i piselli	Erbsen
le patate	Kartoffeln
l'insalata	Salat
il pomodoro	Tomate
il cetriolo	Gurke
gli zucchini	Zucchini
il cavolfiore	Blumenkohl
la cipolla	Zwiebel
le verdure crude	Rohkost

Frutta	**Obst**
la mela	Apfel
la pera	Birne
le fragole	Erdbeeren
i lamponi	Himbeeren
le ciliege	Kirschen
il melone	Melone
la pesca	Pfirsich
l'albicocca	Aprikose
il pompelmo	Pampelmuse
la banana	Banane
le prugne	Pflaumen
il limone	Zitrone
l'arancia	Apfelsine
l'uva	Weintrauben

Modi di cottura	**Zubereitungsarten**
a vapore	gedämpft
arrosto	gebraten
al forno	gebacken
fritto	fritiert
alla brace	gegrillt
al cartaccio	in der Folie gebacken
gratinato	überbacken

Un mucchio di altre cose	**Was es sonst noch gibt**
il latte	Milch
la panna	Sahne
il formaggio	Käse
lo yogurt	Joghurt
le uova	Eier
il burro	Butter
le spezie	Gewürze
l'aglio	Knoblauch
il sale	Salz
il pepe	Pfeffer
lo zucchero	Zucker
l'aceto	Essig
l'olio	Öl
il miele	Honig
il gelato	Speiseeis
il ghiaccio	Eis

Dal panettiere	**Beim Bäcker**
il pane	Brot
il pane misto di segale e frumento	Graubrot
il pane nero	Schwarzbrot
il pane bianco	Weißbrot
i biscotti	Gebäck
la torta	Torte

Kosmetik, Presse, öffentliche Verkehrsmittel

Was Sie zur Körperpflege brauchen	
Zahnbürste	*lo spazzolino da denti*
Zahnpasta	*il dentifricio*
Rasiercreme	*la crema da barba*
Rasierklingen	*le lamette*
Seife	*la saponetta*
Haartrockner	*l'asciugacapelli*
Handtuch	*l'asciugamano*
Haarwaschmittel	*lo shampoo*

Im Zeitschriftenladen	***All'edicola***
Zeitung	*il giornale*
Zeitschrift	*la rivista*
Ich hätte gern eine deutsche Zeitung.	*Vorrei un giornale tedesco.*
Papier	*la carta*
Briefpapier	*la carta da lettre*
Briefumschlag	*la busta*
Kugelschreiber	*la penna a sfera*

Öffentliche Verkehrsmittel	***Mezzi di trasporto***
Zug	*il treno*
Bahnhof	*la stazione*
Bus	*l'autobus*
Flugzeug	*l'aereo*
Flughafen	*l'aeroporto*
Schiff	*la nave*
Hafen	*il porto*
Fähre	*il traghetto*
Wann fährt der nächste …?	*Quando parte il prossimo …?*
… der letzte …?	*… l'ultimo …?*
Fahrkarte	*un biglietto*
Abfahrt	*partenza*
Ankunft	*arrivo*
Ausgang	*uscita*
Eingang	*entrata*
Verspätung	*ritardo*

Medizinische Versorgung	***Assistenza medica***
Beim Arzt	Dal medico
Arzt	*il medico*
Zahnarzt	*il dentista*
Ich habe Halsschmerzen.	*Ho mal di gola.*
Ich fühle mich nicht wohl.	*Non mi sento bene.*

Mein Mann/meine Frau ist krank.	*Mio marito/mia moglie sta male.*
Ich habe mir den Magen verdorben.	*Ho fatto un'indigestione.*
Ich bin stark erkältet.	*Sono molto raffreddato/a.*
Ich bin im ... Monat schwanger.	*Sono al ... mese di gravidanza.*
Ich habe einen hohen/niedrigen Blutdruck.	*Ho la pressione alta/bassa.*
Hier habe ich Schmerzen.	*Ho dei dolori qui.*
Ich vertrage dieses Klima nicht.	*Non sopporto bene questo clima.*
Ich habe mich verletzt	*Mi sono ferito/a.*
Arm	*il braccio*
Knöchel	*il malleolo*
Herz	*il cuore*
Zahn	*il dente*
Knie	*il ginocchio*
Bein	*la gamba*
Hand	*la mano*
Nase	*il naso*
Auge	*l'occhio*
Ohr	*l'orecchio*
Haut	*la pelle*
Fuß	*il piede*
Kopf	*la testa*
Durchfall	*la diarrea*
Erbrechen	*il vomito*
Brechreiz	*la nausea*
Husten	*la tosse*
Kopfschmerzen	*il mal di testa*
Kreislaufstörungen	*i disturbi circolatori*
Hexenschuss	*la lombaggine*
Sonnenbrand	*la scottatura*
Schwindel	*le vertigini*
Salbe	*la pomata*
Tablette	*la compressa*
Schlaftabletten	*il sonnifero*
Tropfen	*le gocce*
Schmerzmittel	*l'analgesico*
Verbandszeug	*le bende*

Wo? Wie? Was? – Orientierung

Wie man nach dem Weg fragt (und die Antwort versteht)

Entschuldigung, wo ist ...?	*Scusi, dov'è ...?*
Wie komme ich nach ...?	*Come si arriva a ...?*
Wie komme ich am schnellsten zum Bahnhof?	*Come si arriva nel modo più veloce alla stazione?*
Geradeaus.	*Sempre diritto.*
Nach rechts.	*A destra.*
Nach links.	*A sinistra.*
Ist das die Straße nach ...?	*È questa la strada per ...?*

Welche Sehenswürdigkeiten gibt es in der Stadt

il ponte	Brücke
il castello	Schloss
l'anfiteatro	Amphitheater
la fontana	Brunnen
il monumento	Denkmal
il fiume	Fluss
la chiesa	Kirche
il museo	Museum
il municipio	Rathaus
le rovine	Ruine
la cappella	Kapelle
il parco	Park
il palazzo	Palast

Telefonieren	***Telefonare***
Wo bekomme ich eine Telefonkarte?	*Dove posso comprare una carta telefonica?*
Wie ist die Vorwahl von ...?	*Qual è il prefisso di ...?*
Es meldet sich niemand.	*Non risponde nessuno.*

Unterkunft — *La camera*

Wissen Sie, wo ich hier ein Zimmer finden kann?	*Mi saprebbe dire dove posso trovare una camera?*
Wie viel kostet es?	*Quanto costa?*
Können Sie für mich dort reservieren?	*Mi può fare una prenotazione?*
Ist es weit von hier?	*È lontano da qui?*
Wie kommt man dorthin?	*Come ci si arriva?*
Haben Sie ein Doppelzimmer/Einzelzimmer frei?	*Avete una camera doppia/singola libera?*
Kann ich das Zimmer ansehen?	*Posso vedere la camera?*
Können Sie ein Kinderbett aufstellen?	*Si può aggiungere un lettino per bambini?*
Waschbecken mit Dusche und WC	*il lavandino con doccia e WC*
Wir reisen morgen früh ab.	*Partiamo domattina.*
Machen Sie bitte die Rechnung fertig.	*Prepari il conto, per favore.*
Können Sie mir bitte ein Taxi rufen?	*Mi chiama un taxi, per favore?*
Campingplatz	*il campeggio*
Zelt	*la tenda*

Wetter — *Il tempo*

Wie wird das Wetter heute?	*Che tempo farà oggi?*

Es ist/wird warm.	*Fa/Farà caldo.*
heiß	*molto caldo*
kalt/kühl	*freddo/fresco*
Es ist schwül/ stürmisch.	*C'è afa/tempesta.*
Wieviel Grad haben wir?	*Quanti gradi ci sono?*
Gewitter	*il temporale*
Hitze/Regen/ Sonne	*il caldo/la pioggia/ il sole*
Wind/Wolke	*il vento/la nuvola*

Zahlen — *I numeri*

null	*zero*
eins	*uno*
zwei	*due*
drei	*tre*
vier	*quattro*
fünf	*cinque*
sechs	*sei*
sieben	*sette*
acht	*otto*
neun	*nove*
zehn	*dieci*
elf	*undici*
zwölf	*dodici*
dreizehn	*tredici*
vierzehn	*quattordici*
fünfzehn	*quindici*
sechzehn	*sedici*
siebzehn	*diciassette*
achtzehn	*diciotto*
neunzehn	*diciannove*
zwanzig	*venti*
dreißig	*trenta*
vierzig	*quaranta*
fünfzig	*cinquanta*
sechzig	*sessanta*
siebzig	*settanta*
achtzig	*ottanta*
neunzig	*novanta*
hundert	*cento*
tausend	*mille*
zweitausend	*duemila*

Zeitangaben/ Kalender — *L'ora/ Il calendario*

Wie spät ist es?	*Che ore sono?*
Es ist …	*Sono le …*
im Moment	*adesso*
heute	*oggi*
gestern/vorgestern	*ieri/l'altro ieri*
morgen/über-morgen	*domani/dopo-domani*
vormittags/nach-mittags/abends	*di mattina/di po-meriggio/di sera*
Tag	*giorno*
Woche	*settimana*
Monat	*mese*
Jahr	*anno*
Montag	*lunedì*
Dienstag	*martedì*
Mittwoch	*mercoledì*
Donnerstag	*giovedì*
Freitag	*venerdì*
Samstag	*sabato*
Sonntag	*domenica*
Januar	*gennaio*
Februar	*febbraio*
März	*marzo*
April	*aprile*
Mai	*maggio*
Juni	*giugno*
Juli	*luglio*
August	*agosto*
September	*settembre*
Oktober	*ottobre*
November	*novembre*
Dezember	*dicembre*

Die Isola San Giorgio Maggiore im warmen Sonnenuntergangslicht

Die **fetten** Seitenzahlen verweisen auf ausführliche Erwähnungen, *kursiv* gesetzte Begriffe bzw. Seitenzahlen beziehen sich auf den Service.

Anreise, Einreise 73 f.
Arsenale 15 f., **39**, **43**, 52, 65
Auskunft 74

Bacino di S. Marco 8
Bahnhof S. Lucia siehe Stazione Ferrovia S. Lucia
Bars 55 f.
Bar Tiepolo im Westin Hotel Europa & Regina 7, 54
Basilica di San Marco siehe S. Marco
Biblioteca Nazionale Marciana 12, **28 f.**, 42
Biennale **39**, 66, 70, *77*
Biennale-Gelände 38 f., 66
Buchhandlungen 62
Burano (Insel) 23 ff., 29
– Museo del Merletto 25, 29
– S. Martino 25
– Scuola di Merletti a Burano 24 f., 29

Ca' d'Oro 29, 48, *85*
Ca' Rezzonico 8, 10, **29 f.**
Cafés und Eisdielen 54
Caffè Florian 14, 54
Campanile di S. Marco 6, 8, **14**, **39 f.**, 70, 71
Campo di S. Margherita 6, 8, **10**, **40**, 55
Campo di S. Maria Formosa 15, 17
Campo S. Giacomo di Rialto 20
Campo SS. Giovanni e Paolo 15, 17, 18
Canal Grande 6, 7, 10, 11, 16, 20, 30, **40**, 41, 42, 46, 47, 48, 49, 57, 61, 71, *73, 76, 81, 85*
Canale della Giudecca 7, 8, 11, 49, 54
Cannaregio 18, 48, 50 f., 69, *84*
Cappella di San Tarasio 11
Casa del Tintoretto 40
Casa di Carlo Goldoni 30
Casino 56
Castello 8, 15, 17, 18, 48, 51 f., *84*
Centro d'arte contemporanea 33
Chiesa dei Gesuati vgl. S. Maria del Rosario
Chorus Pass 34
Clubs 56
Colleoni-Denkmal 15, 17, **40**
Collezione Peggy Guggenheim 6, **30**
Colonna del Bando 20

Diplomatische Vertretungen 75
Dogenpalast vgl. Palazzo Ducale
Dorsoduro 5, 7, 8, 11, 48 f., 52, *84*

Einkaufsstraßen 60 f.

Feiertage, Feste, Veranstaltungen 76 ff.
Flughafen Marco Polo 74, 85
Flughafen Treviso 74
Fondaco dei Tedeschi 40, *79*
Fondamenta Nani 8, 10
Fondamenta Zattere 7, **11**, *77*
Frari-Kirche vgl. I Frari
Friedhofsinsel vgl. S. Michele
Fundbüros 79

Galerien und Kunsthandwerk 62
Galleria dell'Accademia 6, 8, **10**, **30**
Galleria Franchetti 29, 30
Galleria Internazionale d'Arte Moderna 30 f.
Geld, Banken, Kreditkarten 78
Gesuati vgl. S. Maria del Rosario
Gesuiti vgl. S. Maria Assunta dei Gesuiti
Ghetto 15, **18**, 31, **40 f.**, 69
Giardini Ex Reali 66
Giardini Papadopoli 66
Giardini Pubblici vgl. Biennale-Gelände
Giudecca vgl. La Giudecca
Gondeln 7, **45**
Gondelfahrt 7, 45, **64**

Harry's Bar 14, 47, **53**, **56**
Hinweise für Menschen mit Behinderungen 78
Hotels 46 ff.

I Frari 20, 21, **34 f.**, 69
Il Redentore vgl. Redentore
Internet 78
Isola del Tronchetto 73, 75, 85

Karneval 59, *76*
Kinder 64 f.
Klima, Kleidung, Reisezeit 78 f.
Konzert 58 f.

La Fenice 19
La Giudecca 7, 8, 11, 49, 52, **66**, *76, 77*
Leon, Donna 17, **18 f.**, 50, 54, 62, *80*
Lido **27**, 39, 49, 64, **66**, 67, *75, 77, 85*
– Casino 27
– Grand Hotel des Bains 27
Livemusik 56

Madonna dell'Orto 15, 18, **35**
Markusdom vgl. S. Marco
Markusplatz vgl. Piazza S. Marco
Medizinische Versorgung 79

Molo 11, 12, 33, 42, *82*
Murano (Insel) 22 f., *74, 82*
– Basilica SS. Maria e Donato 22 f.
– Museo del Vetro 22, 31
– Palazzo da Mula 23
– S. Pietro Martire 23
Museo Civico Correr 8, 12, **31**, **65**, *74*
Museo dell' Artre Vetrario vgl. Murano
Museo del Settecento Veneziano vgl. Ca' Rezzonico

Museo di Venezia Ebraico 31 f.
Museo Fortuny 7, **32**
Museo Storico Navale 15, 17, **32**, **65**
Museumspass 28

Notfälle, wichtige Rufnummern 79

Oasen in der Stadt 66 f.
Oper, Theater, Ballett 57 f.

Palazzo Contarini-Fasan 41
Palazzo dei Camerlenghi 20, 41
Palazzo Ducale 6, 8, **12 f.**, 28, **32 f.**, 42, 69, *83, 84*
– Porta della Carta 12, 33
– Sala de Collegio 12
– Sala del Maggior Consiglio 12 f.
Palazzo Grassi 33, *77*
Palazzo Labia 41 f.
Palazzo Mastelli o del Cammello 41
Palazzo Sanudo 41
Peggy-Guggenheim-Museum siehe Collezione Peggy Guggenheim
Pescheria 42
Piazza S. Marco 5, 6, 8, **12**, 15, **42**, 47, 48, 55, 58, 59, 60, 64, 66, *74, 76, 83*
Piazzale Roma 73, 74, 75, 85
Piazzetta S. Marco 8, 12, 28, 33, 42, *83, 84*
Pinacoteca Querini Stampalia 33
Ponte degli Scalzi 42
Ponte dei Pugni 8, 10
Ponte dei Sospiri 42
Ponte della Constituzione 71
Ponte della Guerra 15, 17
Ponte delle Tette 20, 43
Ponte di Rialto 6, 20, **42**, 45, 47, 48, 53, 56, 59, 70
Portal dell'Arsenale vgl. Arsenale
Post, Briefmarken 79
Presse 79 f.

Rauchen 80
Redentore 11, **35**, 66, *76*
Restaurants 50 ff.
Rialto 19, 20, 40, 60, 68, *82, 83*
Rio di San Barnaba 10
Ruga degli Orefici 20

S. Antonio 16, 17
S. Croce 48 f., 52, *84*
S. Erasmo 49
S. Giacomo dall'Orio 35 f.
S. Giorgio dei Greci 17
S. Giorgio Maggiore (Insel) 8, 11
S. Giorgio Maggiore 8, 11, **36**, 51
S. Giovanni Elemosinario 36
S. Giovanni in Bragora 16, 17
S. Madonna dell'Orto vgl. Madonna dell'Orto
S. Marco (sestiere) 46 ff., 52 f., *84*
S. Marco 6, 8, 12, **13 f.**, 17, 26, 31, **34**, 37, 42, 68, 70, *84, 85*
– Bronzepferde 14
– Pala d'Oro (Goldaltar) 34
– Pietra del Bando 13
– Tesoro 34
S. Maria Assunta dei Gesuiti 15, 18, **35**
S. Maria dei Miracoli 15, 18, **36**
S. Maria del Giglio vgl. S. Maria Zobenigo
S. Maria del Rosario 8, 11, **35**
S. Maria della Salute 6, 7, 11, **36 f.**, 47, *76*
S. Maria Gloriosa dei Frari vgl. I Frari
S. Maria Zobenigo 36, *85*
S. Martino 17
S. Michele (Insel) 18, 21 f.
– Cappella Emiliana 22
– S. Michele in Isola 22
S. Pietro di Castello 37, 69
S. Polo (sestiere) 53 f., *84*
S. Polo 19, 37 f.
S. Sebastiano 8 f., 38
S. Stefano 19, 38
S. Trovaso 8, 10, **38**
S. Zaccaria 8, 11
S. Zanipolo vgl. Santi Giovanni e Paolo
Santi Gervasio e Protasio vgl. S. Trovaso
Santi Giovanni e Paolo 15, **17**, **34**
Scala Contarini del Bovolo 43, *81*
Scola Tedesca 31
Scuola Dalmata vgl. Scuola di S. Giorgio degli Schiavoni
Scuola della Carità 10
Scuola di S. Giorgio degli Schiavoni 15, 16, **17**, **43**
Scuola Grande di S. Marco 17, **44**
Scuola Grande di S. Maria dei Carmini 8, 9, **44**
Scuola Grande di S. Rocco 6, 20, **44**
Seufzerbrücke vgl. Ponte dei Sospiri
Shopping 60 ff.
Sicherheit 80
Sightseeing, Touren 80
Skyline Rooftop Bar im Molino Stucky 7, **56**, 66
Souvenirs und Geschenke 63
Sport 67
Stazione Ferrovia S. Lucia 73, 74, 75, 79, 85

Teatro la Fenice 44, 57, **58**, 70, 71, *78*
Teatro Verde 11, 59
Telefonieren 80
Torcello 22, 26 f.
– Campanile 26
– S. Fosca 26
– S. Maria Assunta 26
Torre dell'Orologio 12, 42
Traghetto vgl. *Verkehrsmittel*
Trinkgeld 80

Vaporetti vgl. *Verkehrsmittel*
Venedig in Zahlen und Fakten 72
Venezianisches Wörterbuch 81 ff.
Venice Card 85
Verkehrsmittel 85

Wassertaxi vgl. *Verkehrsmittel*

Zattere vgl. Fondamenta Zattere

Fotolia/Bersanelli: S. 49; Blickfang: S. 11; Cmon: S. 50; Frédéric Coignot: S. 38; Farida: S. 6 o. r.; Jens Hilberger: S. 6 l.; Giorgio Maggiolo: S. 82; Picture-Optimize: Schmutztitel (S. 1); OutdoorPhoto: S. 43 o.; Paulryder88: S. 47; Rechitan Sorin: S. 83, 91
Ralf Freyer, Freiburg i. Br.: S. 43 u., 59, 75
Max Galli/Look, München: S. 3 o. l., 29, 54, 77
iStockphoto/Ac_bnphotos: S. 26 o.; Alberto Bogo: S. 27; Colleen Bradley: S. 65; David5962: S. 40; Matthew Dixon: S. 2 o. r., 33; FotoVoyager: S. 44; Peter Frank: S. 7 u.; Ian Hamilton: S. 4/5; Tina Lorien: S. 53; Giuseppe Masci: S. 24/25; Bruno Buongiorno Nardelli: S. 55; S. Greg Panosian: S. 2 o. l., 20, 64; Thomas Perkins: S. 63; Pigs: S. 35, 71; Paul Prescott: S. 3 u.; Rusm: S. 36, 60; Domenico Timo: S. 23; Peter Zelei: S. 28, 51
Dieter Klein, Köln: S. 2 o. Mitte, 3 o. r., 7 o., 9, 12, 13, 14, 15, 19, 32, 37, 42, 45, 61, 73
Rainer Martini/Look, München: S. 3 o. Mitte, 21, 22, 34 o.
Ulli Seer/Look, München: S. 41
Vista Point Verlag (Archiv), Köln: S. 6 u. r., 8, 10, 26 u., 30, 31 o., 31 u., 34 u., 46, 68, 70, 72
Wikipedia/Michel Aulagnier: S. 67; G. Dallorto: S. 17; DP: S. 69; Andreas Praefcke: S. 57

Schmutztitel (S. 1): Die Technik des Gondelfahrens ist alles andere als einfach
Seite 2/3 (v. l. n. r.): Ponte di Rialto, die »Goldenen Pferde« im Markusdom, Palazzo Ducale, die Fischerinsel Burano, Santa Maria della Salute, Venedigs Kanäle, die Isola San Giorgio Maggiore (S. 3 u.)
Seite 6/7: Basilica di San Marco (S. 6 l.), Rialtobrücke (S. 6 o. r.), in der Scuola Grande di San Rocco (S. 6 u. r.), venezianische Gondoliere, Blick auf den Canale delle Giudecca und Santa Maria della Salute (S. 7 u.)

3., aktualisierte Auflage 2013

Verlegerische Leitung: Andreas Schulz
Reihenkonzeption: Vista Point-Team
Bildredaktion: Andrea Herfurth-Schindler
Lektorat: Franziska Zielke
Layout und Herstellung: Sandra Penno-Vesper
Reproduktionen: Henning Rohm, Köln
Kartographie: Berndtson & Berndtson Productions GmbH, Fürstenfeldbruck, und Kartographie Huber, München
Druckerei: Colorprint Offset, Unit 1808, 18/F., 8 Commercial Tower, 8 Sun Yip Street, Chai Wan, Hong Kong

ISBN 978-3-86871-076-2

An unsere Leser!
Die Informationen dieses Buches wurden gewissenhaft recherchiert und von der Verlagsredaktion sorgfältig überprüft. Nichtsdestoweniger sind inhaltliche Fehler nicht immer zu vermeiden. Für Ihre Korrekturen und Ergänzungsvorschläge sind wir daher dankbar.

VISTA POINT VERLAG
Händelstr. 25–29 · 50674 Köln · Postfach 270572 · 50511 Köln
Telefon: 0221/92 16 13-0 · Fax: 0221/92 16 13-14
www.vistapoint.de · info@vistapoint.de